データ主導の
人材開発・
組織開発
マニュアル

「社員意識調査」と「多面評価」の徹底活用を中心に

南雲道朋 著　半蔵門オフィス代表

経営書院

はじめに

　本書は、人材開発・組織開発のリーダーをめざす方のために書かれています。人事部門や人材開発部門の方に限らず、経営企画部門や事業部門の方も視野に入れています。また、事業会社の支援を行うコンサルタントやHRテクノロジーベンダーの方も視野に入れています。

　経営資源としての人材の重要性がますます高まるなか、CEO、CFO（最高財務責任者）、およびCHRO（最高人材責任者）が密接に連携しながら経営にあたるべきこと、そこにおいてCHROは人材と組織に関わるデータ、そしてそれを扱うためのテクノロジーを活用すべきことが、最近とみにいわれます。しかし、それがどのようなことなのか、どのようなデータをどのような方法論で扱うのか、ということについて十分に議論が尽くされているとはいえません。

　本書は、「社員意識調査」と「多面評価」の徹底活用がまず柱になるという考えのもと、その方法論を一貫した考え方で詳細に述べています。本書で述べる方法論に基づくことで、「社員意識調査」と「多面評価」を柱とする、データ主導の人材開発・組織開発の企画から実施まで、コンサルタントに任せることなく自前で行うことができるはずです。また、コンサルタントやサービスベンダーの手を借りるとしても、あくまでも自社主導で、自社独自の企業目的や価値観を実現するプログラムを構築できるはずです。

　企業のあらゆる分野の活動をデータ主導で見直す動きが広まっています。その中で、人材開発分野・組織開発分野に特化した方法論をまとめるべきと考えたことには理由があります。人材や組織のマネジメントにおけるデータの扱いには、エンジニアリングやマーケティング、アカウンティングにおけ

るデータの活用とは異なる、固有の作法があると考えられるからです。

　それはまず、社員の主観的な状況の把握を重視します。皆が「良い組織」と感じているならばそれは良い組織であり、皆が「悪い組織」と感じていればそれは悪い組織ともいえるのです。また、測定した結果に基づく人材や組織への働きかけにあたっても、受け手の主観が重要であり、感情面の配慮の有無によって効果が大きく左右される側面もあります。

　人材や組織においては、取り組むべき問題・課題が常に何かしら存在します。賃金を上げれば顧客へのサービス価格も上げざるを得ない、イノベーティブである一方、規律が徹底されなければならない等、組織というものは相反する要請のせめぎ合いのバランスの中に成り立っており、問題・課題がない状態はないと言ってよく、データ活用に求められるのは、どの問題・課題にどう取り組むべきかという、取り組みの優先順位の判断の支援であるといえます。

　本書で提案する統計手法は、基本的にシンプルなものです。それは、対象を２つのグループに分けて比較するということです。うまくいっているグループとそうでないグループとでは何が違うのか、比較し、大きな違いが出ている特徴点をとらえることで、問題・課題やその要因を探っていくのです。その手法だけでかなりのことができます。そのことを知ることで、データや統計といったものが怖くなくなり、データ主導社会に立ち向かう勇気が湧いてくるはずです。

　こう述べると、本書で述べる方法論はお手軽なものである、という印象を持たれるかもしれませんが、そういうことではありません。人材や組織の現象は、常に多くのことが影響しあっている複雑系の現象であるために、常にすべての要素を考慮に入れて、問題・課題やその要因、そして何にどう取り

組むべきかを判断する必要があるのです。そのために、組織を成り立たせている要素の全体観を得ること、そのためのフレームワークを使いこなすことが重要になります。常に一貫性を持ったフレームワークの中で人材や組織の状態を把握することで、検討・判断の効率性や効果性は高まります。組織メンバー間での認識の共有も進み、目的（ミッション・パーパス）や価値観（バリュー）の共有につながっていきます。本書では、そのようなフレームワークについても、人材や組織を把握する次元（ディメンション）のフレームワークとして提示しています。そのフレームワークを用いて人材や組織の状態を整理できることを知ることで、自社の人材や組織の課題に立ち向かう勇気が湧いてくるはずです。

　以上述べた、「主観的な状況を問う」、「対象を２つに分けて比較する」、「全体観をとらえるフレームワークを持つ」の３つを方法論として身につけることで、人材開発部門・組織開発部門は思考のリーダーシップを発揮することができるようになり、さまざまな局面でこれまで以上に組織に対する影響力を発揮することができるようになるはずです。

　本書は、一貫した考え方に基づいて実績ある方法論を詳述し、マニュアルとして用いることができるように書かれていますが、一方では偏った見方に陥らない客観性も重視し、論じているテーマの歴史や背景、隣接分野の動向も含めた知識をも得て視野を広げることができるように、参考文献の紹介を充実させています。本書の活用を通じて、データ主導社会を、恐れることなく、回避することなく、自らが主人公となって乗り切っていただきたいと思います。

Contents

分析編

Contents

目的編

　データの活用によって、人材開発・組織開発も変わろうとしています。

　それは、人材開発部門が経営のパートナー、戦略部門として飛躍する大きなチャンスでもあります。

　その認識を新たにするとともに、戦略部門としての志を高く持ちましょう。

第1章

データで
人材開発・組織開発は変わる

✓ Point

- 人材開発・組織開発の精度を高める
- 人材開発部門も現場の管理職も変わる
- 働きかける対象も方法も変わる

この章の
ワンポイント
セミナー

人材開発専門家に求められるデータ活用スキル

　データの活用によって、人材開発は大きく進化しつつあります。人材開発の専門家にも、データの活用が求められています。

　「マーケティング専門家にとって、データ活用スキルが中核スキルである」ということに異論は出ないでしょう。企業ごとに商品やマーケット・顧客が異なるため、一般論に基づくマーケティング施策は通用せず、自社のデータに基づく必要があるからです。

　翻って、人材開発においてはどうでしょうか。どの企業にもあてはまる、最大公約数的なセオリーに基づく人材開発がなされてこなかったでしょうか。「キャリア自律」、「アジャイル組織」等、広く提案されるセオリーを取り入れて施策展開することが、多くはなかったでしょうか。

　それらのセオリーは、多くの場合、データに基づく経営学の研究に裏づけられており、間違ってはいないとしても、たとえば米国の状況と日本の状況は違いますし、業界によっても状況は違います。自社に完全にフィットするものではなく、自社独自の強みを生み出すものにはなりません。

　多くの人が感じていることだと思いますが、企業はいま、漠然と他社と同じように人材開発を行う姿勢では、社会への価値創造も社員の採用もで

きず、存続が難しくなっています。世界で唯一無二のミッションを掲げ、その実現に向けて共有価値を定め、社員を心から巻き込むことによって、はじめて企業が存続できる時代になっている、ともいえます。そのようなあり方に、会社と社員を導いていくのが、いま人材開発部門に求められている役割ではないでしょうか。

そのためには、自社のデータに基づいて、自らセオリーを作り出す力を身につけ、自社の状況に基づく施策を自社の言葉で組み立てること、そして、それを経営の信頼と社員の共感を得ながら展開することが必要です。

では、人材開発専門家は、どのようにデータ活用の知識・スキルを身につければよいでしょうか。近年、優れた統計ツールや啓蒙書の存在もあって、データサイエンスの普及が進んでいます。しかし統計の本を開いても、人材開発の観点からはすぐに必要というわけではない議論や手法に紙面が割かれている場合も多く、どこからどう着手したらよいのか、判断が難しいのが現実でしょう。

そこで本書では、人材開発専門家が身につけるべきデータ活用の知識・スキル・マインドを、実用性の観点から大胆に取捨選択したうえで体系化します。本書を指針にして必要な知識・スキルを身につけ、調査やデータ収集を企画し、得られたデータを分析し、その結果を用いて経営および社員への効果的な働きかけができるようになっていただきたいと思っています。

著者はこれまで20年以上にわたり、人事・組織のコンサルティングに従事し、この10年ほどはデータを活用する仕事に注力してきました。さらに、この5年ほどはそれを仕組み化し、人材開発に携わるメンバーの誰もが取り組めるようにすることに注力してきました。その過程で、「ロジカルシンキングのみに頼った、データに基づかない旧世代のやり方」と比べて、データ活用によって、人材開発の何が本質的に進化したのかということを掴み出すこともできたと感じています。本書は、そうして得られた知見を体系的に述べています。

図表1-1に、本書の全体像を示します。そして、図表1-2の枠組みに沿っ

図表1-1 本書の全体像

目的編	第 1 章	データで人材開発・組織開発は変わる
	第 2 章	データが促す人材開発と組織開発の一体化
設計編	第 3 章	人材開発部門で扱うべきデータとは
	第 4 章	調査設計の基本1（ディメンションの設計）
	第 5 章	調査設計の基本2（設問の完成）
分析編	第 6 章	データ分析・活用の全体像
	第 7 章	データ分析の基本1（Step1〜3：現状を可視化する）
	第 8 章	データ分析の基本2（Step4〜5：課題解決の鍵を見出す）
	第 9 章	データ分析の基本3（Step6〜7：アイデアを創造する）
	第10章	テキストデータの分析の仕方
フィードバック編	第11章	効果的なフィードバックの仕方（多面評価）
	第12章	効果的なフィードバックの仕方（社員意識調査）
事例編	第13章	中央官庁の管理職の能力向上に向けた取り組み

図表1-2 データで人材開発・組織開発はどのように変わるか

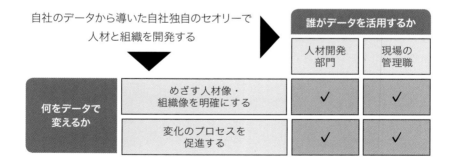

自社のデータから導いた自社独自のセオリーで
人材と組織を開発する

誰がデータを活用するか

何をデータで変えるか		人材開発部門	現場の管理職
	めざす人材像・組織像を明確にする	✓	✓
	変化のプロセスを促進する	✓	✓

て、データで人材開発・組織開発はどのように変わるか、についてまず述べていきます。

データで人材開発部門を戦略部門に

　本書では、データ活用を通じて人材開発部門が戦略部門になることを念頭に置きます。

　人材開発部門は現状、経営企画部門、財務部門、マーケティング部門などと並ぶ、戦略部門であるといえるでしょうか。活動の中心が「階層別の教育研修施策を漏れがないように組んで、研修の成否は研修満足度で評価する」ということであると、たとえ研修後アンケートをきちんと運用して確実に研修満足度を高めていったとしても、戦略部門とはいえません。経営視点で戦略的に人材開発を行ってはじめて、「人材開発部門は戦略部門である」ということができます。

　また、時代に求められるテーマに遅滞なく対応するということだけでも、戦略部門とはいえません。働き方改革等、産業界で焦点が当たっているテーマは、経済・社会の構造変化を背景にしており、ほとんどの企業で対応が必要であることはたしかです。しかし、その前に対応すべき自社固有の最重要課題が隠れているかもしれず、そこに焦点を当てなければなりません。そのためには、戦略的に働きかけるべき対象を特定し、改善を測定するためのデータ活用が必要です。

　たとえば、データに基づいて人材開発施策を企画した、次のようなケースがあります。

【コンタクトセンター管理職の能力向上】

　コールセンター中心のサービス会社において離職率の高さが問題となり、離職防止に向けて管理職の能力の底上げを図ることになりました。この検討のために、「社員意識調査」と「管理職の多面評価」のデータを組み合せて分析したところ、「満足度が高い社員は、改善の実施および改善結果のフォローに関して上司を評価している」という傾向が浮かび上がりま

した。

　そこからわかったことは、オペレーション中心の職場の社員にとっては「日々良くなっている」という実感こそが働き続けられるモチベーションの源泉であり、それを感じさせる管理職こそが求められる管理職だということです。行うべき管理職研修のテーマは一般的な面談力向上などではなく、「メンバーを巻き込んだ改善の標準的な進め方」、そして「改善アクションの進捗を可視化するツールの導入」だったのです。これは、事業の競争力に直結するテーマでもありました。

　このような企画こそが、データに基づく戦略的な人材開発の企画といえます。

【営業職員の営業力向上】

　あるいは、データに基づいて、営業職員の営業力向上を図った、次のようなケースがあります。

　金融分野の訪問営業職において営業職員による業績のバラツキが大きいため、営業職員の業績ランクと、営業活動のさまざまな側面を評価する多面評価結果とを用いて、「どのような人が高い業績を上げるのか」分析したところ、営業業績に直接関係するのは「購入可能性の見極め」であることがわかりました。そこで、「購入可能性見極め」がうまいとされている人がどのようなトークをしているのか、商談の同行や録音を通じて深堀り調査し、その結果わかったトークの仕方を横展開することで、効果的な営業研修を展開することができました。

【キャリア形成支援】

　キャリア形成支援に向けて、「どのような人が組織の中で登用されるのか」ということをデータに基づいて明らかにしたケースもあります。

　役割等級や役職ごとに求められる人材像は、資格要件や任用要件として記述されているものの、それがそのまま登用される人の実際の特徴を示しているとは限りません。そこで、早く昇進していく「第一選抜者」にフラグを立てて、多面評価結果から第一選抜者の特徴を分析したところ、入社してから最初の大きな昇格である「係長」クラスへの昇格に効いているの

は、単に仕事ができるということよりも、「この人物は視座が高い」と評価されることであることが浮かび上がりました。それはまさに、その企業で実際に重視されている価値観を示すものと理解され、キャリアのどの段階でどのようなことを意識したらよいのか、ということを客観的に示すことができ、昇進・昇格をめぐる社員の不満の軽減を図ることにもつながりました。

【部門別人材像の明確化】

「部門別にどのような人材が求められているのか」ということをデータに基づいて明らかにしたケースもあります。

それまで漠然と、直接営業部門においては「企画力」が求められる一方、間接営業部門においては「調整力」が求められると考えられていたところ、実際に当該部門に配属されている人にフラグを立てて、多面評価結果から人材の特徴を分析してみたところ、直接営業部門で特徴的に発揮されるのは「交渉者」としての能力であり、間接営業部門で特徴的に発揮されるのは「代理店の応援団」としての能力であった、ということがわかり、商品の標準化や業務のシステム化に伴い人材像も変化していることが裏づけられました。そして、異動や育成施策立案における、地に足のついた議論にもつながりました。

【社員を成長させる管理職像の明確化】

さらには、「どのような管理職が社員を成長させるのか」ということをデータに基づいて明らかにしたケースもあります。

「自分は成長できている」と社員意識調査で回答している職場や管理職の行動にはどのような特徴があるか分析したところ、「チーム全員でアイデアを出し合って困難な目標を達成した」ときに社員は成長実感を得られるのであり、単に育成の場を設けたからといってそれがそのまま成長につながるとは限らない、ということが明らかになりました。一般論としてよく指摘されるとおりの結論であっても、それがデータで客観的に裏づけられることで、社員の成長に向けて管理職が行うべきことについて、はっきりと指針を示すことにつながりました。

データで管理職をマネジメントのプロに

　本書ではまた、データ活用を通じて、管理職が「マネジメントのプロフェッショナル」になることを念頭に置きます。

　貴社の管理職は、管理職としてプロフェッショナルであるといえるでしょうか。管理職に求められるものは、ますます多くなっています。経営側からは、ビジネスの責任者として結果を出し切るだけでなく、イノベーションまで求められ、メンバー側からは、業務推進のためにチームをまとめるだけでなく、メンバーの心のケアやキャリア支援まで求められます。これらの要求は、1人の人間が自然に対応できる範囲を超えているともいえ、対応していくには自覚的なプロフェッショナルである必要があります。

　これまでの「できる管理職」は、このような要求に対してマイセオリー、すなわち「自らの経験から紡ぎ出された独自の知見」を用いて、その役割を果たしてきたのだと思います。管理職研修では、古典的な「マズローの5段階」から近年の「コーチング」に至るまで、管理職を支援するためのさまざまな理論や手法が提供されます。しかし、どれをどのように用いるかは、管理職本人が選び取っていくしかありません。管理職個々人の人材タイプがさまざまなうえに、部下の人材タイプも多様であるなか、求心力をもってチームを率いていくために、管理職は、自己のスタイル、そしてマイセオリーを試行錯誤しながら確立していくのだと思います。

　しかし、つまるところ、管理職の望ましいあり方は相手によって、そして状況によって変わります。多様性への対応が求められている背景もあり、まさに、データを用いてマイセオリーをいったん突き放して客観化し、状況への適合度合いを測り直す力が求められているのです。

　たとえば、次のようなケースがあります。

　ある企業で、メンバーの多様性に対応できるよう、管理職能力の底上げを図ることになりました。管理職研修を実施する前に、まず職場のメンバーが職業人生を歩むにあたり、どのようなこだわりをもっているのかをアン

ケート調査したのです。

　たとえば、「大きな責任を引き受けたい」、「専門能力を深めたい」、「顧客
から感謝されたい」、「新しい困難なことに挑戦したい」、「公私の生活を調
和させたい」、「安心・安定を得たい」といったなかの、どれにこだわって
職業人生を歩んでいきたいかについて、まずは匿名アンケートを実施しま
した。

　メンバーの回答データの分布をみた管理職たちの気づきは、「メンバー
のこだわりは思った以上に多様だ」、「自身のこだわりとは当然異なる場合
が多い」、「これまで、いかに自分と同じこだわりを部下も有していること
を前提にマネジメントをしてきたかがわかった」ということでした。そし
て、メンバーのこだわりを理解し、そこを起点にすれば、あとは何をすべ
きか見えてくるとして、こだわりのタイプに応じて、どのように組織の方
針を落とし込んで語り聞かせたらよいか、メンバーの顔を思い浮かべなが
らシミュレーションを行うこともできました。

　このように、部下一人ひとりの特徴を可視化する共通言語やデータを使
いこなすことで、管理職は「経験則に基づく職人」から「プロフェッショナ
ル」へと進化するのです。

データで人材像・組織像を明確化する

　本書では、人材開発ならではのデータ活用法として、これまで単に定性
的に扱われがちだった「求める人材像」や「組織像」を、データ分析を通じ
て定量的に扱うことに焦点を当てます。

　これまで20年ほど、競争力ある人材を定義するためのコンピテンシー
モデル等が普及してきました。それを、データを用いて進化させる考え方
を示します。人材像や組織像の要素軸は「ディメンション」と呼ばれます
が、このディメンションの設計・検証プロセスを、定量的なデータ分析と
その結果を受けた言語化の両方の視点から示します。

　そして、人材開発専門家はデータ分析を身につけることによって、言語

化能力、そしてコンセプトメーキング力をも高めていけることを明らかに
します。

データで人と組織の変化を促進する

　本書ではまた、人や組織の変化を促進させるためのデータ収集・分析・
フィードバックのプロセスに焦点を当てます。コンピテンシーモデルと同
様に、この20年ほどで、変化促進のためのコーチングやファシリテーショ
ンの手法が普及してきました。しかし、データそのものも、変化を促進す
る力をもっています。

　データを前にした話し合いは、データが映し出す事実の前にへりくだ
り、思い込みやプライドを捨てて、意識の殻を破ること、すなわち意識改
革につながるものです。コーチングやファシリテーションの特別なテク
ニックを用いなくても、「データが映し出す事実の前にへりくだる」姿勢が
確立されれば、あとはおのずから、望ましい方向への変化が継続的に起こ
るのです。

　ここでいうデータは、AIで解析されたビッグデータのような、凝った
ものである必要はありません。明確なロジックで集計された「社員意識調
査」や「多面評価」の結果で十分です。逆に、ブラックボックスなアルゴリ
ズムに基づく「診断結果」であったりすると、かえってフィードバックを
受ける側の姿勢が受け身になってしまい、人材開発・組織開発の観点から
は望ましくありません。

　一方では、自身と組織のあるべき姿への目の向けさせ方、データのわか
りやすい見せ方や、そこから考えさせる仕掛けが重要になります。そのよ
うな観点から、データ収集・分析・フィードバックのプロセスを示します。

社員意識調査と多面評価を柱に

　人材開発部門が扱うデータは、マーケティング部門や品質管理部門が扱

うデータとはまた異なります。特に重要なのは、社員への「調査データ」です。社員のモチベーションや心理的安全等、人の意識に働きかけることが人材開発の根幹になるためです。

　本書では、特に「社員意識調査」と「多面評価」の2つに焦点を当てます。「社員意識調査」は、組織や職場に対する、社員の認識を調査するもの、「多面評価」は、人に対する、周囲で働く社員の認識を調査するものですが、この2つの間には、後述するように密接な関係があり、「社員意識調査」は「多面評価」の基本形としても位置づけられます。

　本書では、特に断らないかぎり、両方の基本形となる社員意識調査をまず念頭に置いて述べつつ、多面評価固有の事項について述べる場合には、そのことを明記して述べる形をとることにします。

　なお、「社員意識調査」は、「従業員満足度調査」、「モチベーションサーベイ」、「エンゲージメントサーベイ」等とも呼ばれ、「多面評価」は、「多面観察」、「360度評価」、「360度フィードバック」等とも呼ばれますが、本書では、「社員意識調査」、そして「多面評価」と呼び方を統一することにします。

第2章

データが促す
人材開発と組織開発の一体化

✓ Point

● 人材開発と組織開発を一体的に推進する

● データを前に話し合う学習する組織を作る

● 意識調査と多面評価を一体的に活用する

この章の
ワンポイント
セミナー

前章では、データ活用で何をめざすかについて述べました。本章では、データ活用そのものの話題に入る前に、「人材開発」と「組織開発」の関係について論じます。

もともと人材開発と組織開発の間に、はっきり線を引くことはできません。線を引く意味も小さく、データの活用は線引きの意味をますますなくしています。

そこで、あえて2つを区別せず、人材開発と組織開発を一体に推進することが得策です。そして、それに対応して、「多面評価」と「社員意識調査」に一貫性を持たせ、連動させることにより、効果を高めることが期待できます。

「組織開発」も人材開発部門のミッションとする

人材開発は、「人」に焦点を当てるものです。「人の開発」というと、日本語として違和感がありますが、人をさまざまな潜在能力を持つ資源とみなして、その資源を開発するということです。

一方、組織開発は、「組織」に焦点を当てます。組織を開発するといっても、製品開発のように組織という「モノ」を作り出すということではなく、

組織を構成する人と人の間の「関係」に焦点を当て、関係を資源とみなし、その質・量を開発するということです。

　人材を開発する、すなわち人の能力を高め、モチベーションを高め、能力を発揮させて成果をあげさせるためには、人そのものだけでなく、人と人との関係にも働きかける必要があることは明らかです。人の知識やスキルを開発する教育においても、座学ではなく、実際に経験したことから学びを得る「経験学習」が重視されるようになってきており、「お互いに指摘をし合える関係の開発」といった、組織開発の要素を含まざるを得なくなっています。

　さらに近年は、イノベーション促進の文脈で、スキル開発とともに、いかにコラボレーションを生み出すかということにも焦点を当てる必要性が高まっており、人材開発と組織開発を区別する意味はますます薄れています。

　以上から、人材開発には組織開発も当然含まれると考えるのが適切です。本当は、これら2つを一体化した概念があればよいのですが、いまのところ見当たらないため、本書では、「人材開発・組織開発」と併記する形をとります。

　通常、会社には、人材開発部門はあっても、組織開発部門はありません。そうであれば、人材開発部門のミッションに「組織開発」を当然のこととして取り込んでいくことが、人材開発部門の立場を高めるために有益ではないでしょうか。

　組織開発をも部門のミッションとして明示することで、人材開発部門を「採用と教育研修」の部門とみなしてしまう、ありがちな誤解を解いていくきっかけにもなるはずです。また、「生産性向上」といった経営の根幹プロジェクトの主管部門としての期待がかかってくることもあるでしょうし、「人材開発部門＝戦略部門」との位置づけにつながっていくことも考えられます。そのために、部門名称を、「人材開発部」ではなく「人材・組織開発部」とすることを考えてもよいかもしれません。

「学習する組織」をデータで実現

　「学習する組織」という、人材開発と組織開発を統合する考え方があります。これは「メンバーの学習を促進することで組織自体を進化させる」という考え方ですが、データはまさに、組織を「学習する組織」に変えることを促します。

　たとえば、マネージャーがチームのパフォーマンスを改善したいとします。過去の成功体験に基づく「マイセオリー」でマネジメントを行ってきたマネージャーであれば、自分が成功体験を持つ得意技を適用してみようとするでしょう。たとえば、部下の支援が得意なマネージャーであれば「一人ひとりと面談を行う」、トップダウンで引っ張ることが得意なマネージャーであれば「チームビジョンを確認し共有する会を設ける」、権限委譲が得意なマネージャーであれば「最も優秀な2名にチームを作らせて2つのチームで競わせる」……等です。

　一方、「マイセオリー」だけに頼らない客観的な視点を持つマネージャーであれば、いきなり自分の得意技の施策に走るようなことはしないでしょう。まず、あるべき組織運営のチェックリストを作り、問題とその原因を客観的に検討したうえで、最適な施策を組み合わせて適用しようとするはずです。

　チェックリストの項目としては、PDCAサイクルに沿って、「達成すべき目標は明確か」、「一人ひとりの役割分担は明確か」、「スキルや能力は足りているか」、「助け合って仕事を終わらせているか」、「不具合やミスは報告されているか」、「役職や年齢にとらわれず発言できるか」、といったものが考えられます。

　マネージャーには、このサイクルのどこにチームパフォーマンスを阻害する要因があるかを見出し、最適な施策を組み立てるセンスが問われます。マネージャーとしてのセンスに自信がない場合でも、上記のようなチェックリストを組織メンバー間で共有できれば、リスト項目を反映した

図表2-1 IT が人材開発と組織開発を物理的に統合

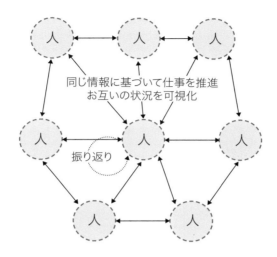

匿名アンケートをメンバー全員に実施し、その集計結果をメンバーに公開
して、「どこが問題か」、「どうしたらもっと良くなるか」を話し合うことが
できます。そうすれば、メンバー主導で施策を考え、導入することができ
るでしょう。

　それがたとえ完璧な施策でないとしても、「3カ月後に、また同じアン
ケートを実施して、結果をみてみよう」ということにすれば、メンバー一
人ひとりがさまざまな観察をし始め、問題の原因への洞察を持ち始め、そ
の次にはより良い施策のアイデアが出てきます。これを定期的なイベント
にすることで、マネージャー一人では思いつかないアイデアが次々に生ま
れ、メンバーの意識や能力も高まり、組織としての知見も積み上がってい
くという、良いことずくめとなります。

　これからの人材開発部門のミッションは、このように、「データの活用
によって組織を学習する組織に変える」ことだといっても、大きくはずれ
はしないでしょう。

仕事のIT基盤が人材開発と組織開発を統合

　さらに、図表2-1のように、発展が著しい「仕事のIT基盤」が、人材開発と組織開発を物理的に統合しつつあります。コミュニケーションツール、プロジェクト管理ツール、成果物管理ツール等々、さまざまなツールが普及しつつあり、特に、仕事の担い手がグローバルにつながっている先端IT業界では、こういったツールが仕事のインフラになりつつあります。

　これらを仕事の基盤として導入することで、一人ひとりの作業状況が常に可視化され、他者が随時コメントを入れたり、手を加えたりする等、遠隔地で仕事をしていても常に会議室の大きなホワイトボードを前に仕事をしているような状態となり、「仕事はまず個人で進めて、そのアウトプットを電子メール等で互いにやりとりするもの」という前提が大きく覆ります。

　そうなると、個人レベルでのスキル開発や生産性向上と、組織レベルでのナレッジ開発と生産性向上とが一体的に進んでいくため、人材開発と組織開発の区別はもはやなくなるといってよいでしょう。また、仕事のIT基盤を通じて、さまざまなデータの収集と活用が促進されることにも注目すべきです。

　逆に、「仕事のIT基盤の効果的な導入は、人材開発・組織開発そのもの」ということもできます。この分野に対して、人材開発部門は知見を持つとともに、いかに導入や使いこなし方をリードするかを考えるべきでしょう。

社員意識調査と多面評価も一体的にとらえるべきもの

　「人材開発と組織開発を一体的に扱う」ということに対応して、人材開発系の調査である「多面評価（または360度評価、多面観察等）」と、組織開発系の調査である「社員意識調査（またはサーベイ、組織診断等）」とを、一貫性のあるやり方で実施し、連動させて効果を上げることを考えるべき

図表 2-2 社員意識調査と多面評価は連続している

				「自身」について				「上司」について			
社員意識調査	「会社」について	「仕事」について	「職場」について	自身の役割理解	自身のモチベーション	自身のキャリアビジョン保持	…	上司の方針伝達	上司の率先垂範	上司の部下育成	…

連動させて分析・フィードバック

自身や上司についてより詳細に調査

	使命感		顧客志向		遂行力		チームワーク		自己啓発力		（管理職）方針伝達		（管理職）業務管理		（管理職）部下育成	
多面評価	理念への共感	誠実さ	顧客への焦点	責任感	優先順位	完遂	オープンさ	協力	強みの理解	チャレンジ	方針伝達	意思決定	範を示す	フォロー	部下理解	…

です。

　この2つは、これまで別の施策やプログラムとして位置づけられていたかもしれません。たとえば、多面評価は人事部門や人材開発部門が主管しているのに対し、社員意識調査は経営企画部門が主管している、という企業もあるでしょう。

　しかし、人材開発と組織開発の線引きが厳密にはできないように、「多面評価」と「社員意識調査」も連続しているもので、厳密な線引きはできません。**図表2-2**のように、社員意識調査の一部を抜き出して拡張し、それを多面的に評価することにしたものが多面評価であるといえます。

　社員意識調査の設問に、「あなたの上司（部門長）について」という設問群を組み入れ、その設問への回答部分だけ抜き出して、部門別に集計し、部門長にフィードバックすれば、それはそのまま、部門長の多面評価（部下からの評価）となります。実際、多面評価を試験的に行ってみる場合、まず部門長を対象に、社員意識調査の部門別フィードバックという形で始めることは、現実的な方法です。

　逆に、多面評価において「○○さんについて回答してください」と問う

かわりに「職場について回答してください」と問えば、それはそのまま社員意識調査（職場サーベイ）になります。多面評価のほうが社員意識調査よりも、回答者選定が必要になるなど運用が複雑なため、すでに多面評価を実施しているのであれば、社員意識調査を行うことは容易です。

　そして、多面評価と社員意識調査とを関連づけて分析・フィードバックすることには、大きな意義があります。たとえば、メンバーの「職場への満足度」が高い場合に、その職場の上司にはどのような特徴があるのか、ということを分析し、管理職に求められる行動を明らかにすることができます。

　多面評価の結果を管理職にフィードバックする際にも、「あなたの部下のモチベーションの状況はこうですよ」、「一方、あなたの上司としての行動に対する部下の評価はこうなっています」、「今回の調査の全体傾向分析からは、上司のこのような行動が、部下のモチベーションに特に有効なことがわかりましたが、あなたの場合はいかがですか」といったように、「部下のモチベーション状況」と「自身の管理職としての行動」とを関連づけてフィードバックすることで、管理職の受け止め方も真剣なものになります。

その他社内調査は2つの調査の部分または派生形

　それ以外にも、社員には、「スキル調査」、「ストレスチェック」、「コンプライアンスチェック」、「研修事後アンケート」といった、さまざまな調査やアンケートへの回答が求められていることでしょう。それらは、社員意識調査・多面評価の一部分、ないしは派生形として位置づけることができます。できるだけ社員意識調査、または多面評価のなかに統合することを考え、調査時期や頻度の都合で切り離して実施せざるをえないとしても、設問の作り方、データ加工の仕方、分析の仕方等は、社員意識調査・多面評価と合わせておくのです。これによって、さまざまな調査の乱立が避けられ、社員の回答負担が軽減されるとともに、統合的な分析・活用が容易になります。

上記のものでいえば、スキル調査は多面評価に統合できます。もともと、スキルレベルの振り返りは、自己登録よりも多面評価になじむものといえます。スキル項目は、技能や技術の分野を細かく分解すると、ときには何百項目と極めて多岐にわたることから、「顧客知識は十分である」、「商品知識は十分である」といった大きなスキル項目で多面評価に組み込み、細かな職務経験等については、別途職務履歴を登録させるか、プロジェクトデータ等から機械的に収集するほうが適切でしょう。

また、ストレスチェックも、本来、社員意識調査に統合できるものです。「職場の人間関係は良好である」、「十分な食事・睡眠がとれている」といった設問を通じて、社員意識調査の中で把握できます。コンプライアンスチェックも、「法令等遵守の姿勢は徹底している」といった設問を通じて、社員意識調査に統合できます。

さらに、研修時の事後アンケートに関しても、「当社の教育研修は業務に役立っている」、「今後実施してほしい研修は？」といった設問で、社員意識調査のなかに統合できます。研修の都度アンケートを行うのであれば、「研修の評価」よりもむしろ、「学んだことを仕事でどのように活用するか」、「1カ月後に何が変わっていることを約束できるか」といった設問で、業務への活用を促すとともに研修事後フォローも行うものとし、「研修の一環」と位置づけるほうが本来、望ましいといえます。

人材開発部門は質問票による調査データを扱う

次章であらためて詳述しますが、データといってもたくさんの種類があります。人材開発部門が中心的に扱うのは「質問票による調査」、平たくいえば、「アンケート」による調査データです。

あえてアンケートと呼ばずに、質問票による調査というのは、アンケートが単に聞く側が聞きたいことを聞くものにすぎないのに対し、質問票による調査は、調査したいテーマについてたしかな知見が得られるように、質問の仕方、分析の仕方、知見の引き出し方、フィードバックの仕方まで、

内容とプロセスを注意深く組み立てることを前提とするからです。

　たとえば、教育研修の事後アンケートの場合、単に「この研修に満足しましたか」と投げかけるのはアンケートですが、「研修の効果性を高めるための調査」と位置づけ、「研修への期待」、「研修への満足」、「研修内容の活用」などと体系的に質問を投げかけ、回答を分析して得られた知見をまとめて報告・フィードバックすることは、質問票による調査といえます。

設計編

　企業目的や根本価値といった大所高所から調
査設問を設計することで、企業活動の全体を俯
瞰する視座を得ることができます。
　その土台となるフレームワークを身につけま
しょう。
　その他、効果的な調査設計のポイントを押さ
えましょう。

第3章

人材開発部門で
扱うべきデータとは

この章の
ワンポイント
セミナー

　本章からいよいよ、データについて論じます。先に、社員意識調査と多面評価を2つの柱とする旨述べましたが、なぜそのような絞り込み方をするのかということも含めて、あらためて、「人材開発部門で扱うべきデータはどのようなデータか」ということを明らかにします。

主観データに焦点を当てる

　データの種類は、形式面から**図表3-1**のように分類することができます。人材開発部門が焦点を当てるべきは「主観データ」、すなわち社員に回答を求める「調査票への回答データ」です。意欲や姿勢、認知といった社員の主観的な状況こそが、人材開発部門が働きかけるべき主たる管理対象だからです。そのため、人材開発部門が主管部門となって、社員への調査票に基づく調査・分析の仕組みやプロセスを確立させ、運用を担うべきといえます。

　一方、社員の生産性を評価するための売上金額や投入時間といった「客観データ」も重要です。それらについては、基幹システムからデータを得て、自らが主管する主観データと結合させます。それによって、社員の生産性を高めるためには、社員にどのような働きかけをすることが効果的

図表 3-1 人材開発部門で扱うデータの種類

人材開発部門が焦点を当てるべきデータ

	客観データ	主観データ (調査票への回答データ)
量的 データ	【金額、時間、件数】 　売上、利益、人件費… 　勤務時間、プロジェクト投入時間… 　特許件数、博士号取得者数… 【テストの点数】 　技能検定、TOEIC、SPI…	【評価】 　会社への満足度、会社の方針の理解、 　成長実感、自信、信頼… 【価値観や選好】 　自身のキャリアへの希望、 　会社の施策への希望…
質的 データ	【第三者によるインタビュー調査】	【コメント】 　良い点、要改善点、改善提案…

か、といった分析・検討を行うことができます。

　なお、データというとまず「量的データ」が思い浮かびますが、文章などの「質的データ」も立派なデータです。量的データから読み取れたことを裏づける事実を質的データの中から見出すだけでなく、テキストマイニング（計量テキスト分析）手法を用いて質的データを量的データに変換し、定量的な分析を行うこともできます。

　人材開発部門にとって主観データが重要性なことは、たとえば女性活躍推進というテーマを考えるとよくわかります。

　「女性管理職比率を高めること」は、多くの企業にとって大きな課題であり、そのために短時間勤務制度等の制度整備や女性リーダー育成研修の実施など、さまざまな施策を打つものの、管理職昇進を見込める女性が増えてこない、という悩みはよく聞かれます。

　この場合、「女性管理職人数のシミュレーション」といった客観データの分析とともに、「社員の価値観」、すなわち主観データの分析が重要です。

　そこで、女性活躍推進に着手するにあたり、「職業人生を歩むにあたっての価値観」についての調査を、社員意識調査に加えて始めたケースがあります。

　その結果からは、男性社員の価値観が「大きな責任を引き受けたい」、「新

しい困難なことに挑戦したい」ということにある一方、女性社員の価値観は「安心・安定を得たい」、「顧客から感謝されたい」ということにある傾向がはっきりと浮かび上がりました。

なかでも、「大きな責任を引き受けたい」に対する男女間の違いは決定的で、管理職昇進に対して、女性が完全に引いてしまっている傾向が明らかになりました。

予想された結果とはいえ、調査を行ったことではじめて理解が共有され、議論が可能になったのです。そして議論を深める中で、業務プロセスそのものを、従来の男性社会でできあがった「顧客を訪問する狩猟型」から、女性が活躍しやすい「顧客を招いてチームで対応する採集型」に変え、管理職の役割と責任の担い方についても新しいモデルを示さないかぎり、女性の管理職昇進意欲は引き出せない、という方向性を打ち出すことができました。

主観データによって客観データを代替させる

さらに、主観データには、客観データの入手が難しい場合にも、主観データで代替させることができるというメリットがあります。

社内のさまざまなシステムから客観データを集めて分析することが容易になるビッグデータ時代にあっても、現実にはデータ形式の違いなど、さまざまな制約から、すぐには客観データの収集や統合が難しい場合も少なくないでしょう。その場合にも、まずは主観データを用いて、課題の検討を先行させることができます。

これは、教育研修の役割とも合致するといえます。教育研修の役割の1つは、社員が日常業務を離れて集まり、自社の課題を予測し、先行的に検討を行う場を設けることにあるからです。

たとえば「部門間連携を推進する」というテーマを考えます。社内の風通しを良くし、部門間連携を推進することで付加価値を創造することは、企業の永遠の課題です。そのためには、まず現状を把握し、評価しなけれ

ばなりません。

　今後のビッグデータ時代には、「どの部門・階層の人と、どの部門・階層の人とが、どれだけ接点を持っているのか」ということが、グループウェア等から自動的に収集・分析され、複雑なネットワーク図として可視化されるような時代になるでしょう。しかし、そのようなビッグデータがなくても、「社内のタテの風通しは良いか」、「社内のヨコの風通しは良いか」という2つの設問で社員の認識を聞いてみれば、まずは十分です。

　その回答のスコアが、たとえば「商品開発部門」、「20歳台」で特に低いということであれば、問題・課題の性質が見えてきます。デジタルネイティブ世代が決定的な危機感を持っていること、彼ら／彼女らの声を経営が聞けるようにする必要があり、サービスのプロトタイプを素早く作る横断プロジェクトが必要、といったことが見えてくるわけです。

　逆に、客観データを十分に収集し現状を可視化できたとしても、それをあるべき姿と照らし合わせて、問題・課題を識別することはまた別のことです。可視化するだけでは、問題・課題の特定にも解決にもつながりません。したがって、まずは社員の価値判断を端的に聞くことが有効です。そして施策を打ち、再度同じ設問で調査することにより、改善度合いを評価していくことができます。

何を聞くか―企業目的から調査項目に落とし込む

　次に、「調査票で何を聞くべきか」ということについての原則を述べます。

　「測定できないものは改善できない」という格言があります。裏返して考えれば、改善したいものは測定すべきということで、「人材開発部門は何を改善するか」ということが、ここで問われます。このとき、「人材／能力を開発する」といった人材開発部門の狭い意味での目的に、最初からとらわれる必要はありません。もっと広い視野で、「企業目的（ミッションやパーパス）の達成に向けて、人材力や組織力を向上させる」ことを考える

べきです。

　したがって、社員意識調査であれば、「当社のミッションに共感できるか」、「当社の経営ビジョンは明確か」という高所から聞いていき、たとえばビジョンが明確でないのであれば、特に誰がそう感じているのか、なぜそう感じているのか、ということを分析したうえで、最も効果的な対象者に向けて、人材開発部門としての施策を打っていくことを考えるのです。

　あるケースでは、社員意識調査の結果、20歳台後半の社員において、経営ビジョンの認知度合いが低く、経営陣との距離感も遠く感じられていることがわかりました。その原因を分析すると、新人時代に受けていた手厚いフォローがなくなり、といって、次世代リーダーとしての研修はまだ始まっておらず、経営からの働きかけが手薄になっていることが明らかになりました。

　そこで、「ひととおり仕事に習熟したところで、あらためて高い視点で自社についての理解を深める」をコンセプトに、自社の理解を深める研修を導入することにしました。この研修は、結果的に30歳代前半で離職率が高まることへの対策ともなりました。単なる社員の能力・スキル評価からは、このような企画は生まれません。

　社員の意識への働きかけを専門とする部門は、人材開発部門をおいて他に見当たりません。人材開発部門は自らのミッションを能力開発等に限定せず、企業目的達成のため、積極的に社員の意識に働きかける役割を担っていくべきです。

　では、達成すべき「企業目的」を、どのように理解したらよいでしょうか。それによって、調査の体系が決まってきます。

　企業目的については、「顧客の創造」を掲げるドラッカーの考え方や、「全従業員の物心両面の幸福を追求すると同時に、人類、社会の進歩発展に貢献すること」を掲げる稲盛和夫氏の考え方をはじめとして、さまざまな考え方がありますが、「企業の存続の視点」と「社員の幸福の視点」が大きな柱となることは共通するといってよいでしょう。

　そうすると、調査内容はこの２つから、たとえば**図表3-2**のように、調

図表 3-2 企業目的から調査項目への落とし込み

		企業目的	
		企業の視点： 社会への価値提供を通じて、 業績をあげ続ける	社員の視点： 社員が働くことを通じて 成長する場を提供し続ける
分野	経営陣の評価	○○○	○○○
	管理職の評価	組織の目標を設定しているか？ 業績を管理しているか？ 業務の問題解決をしているか？	職場メンバー間のコミュニケーションを 促進しているか？ メンバー一人ひとりの特徴や強みを 活かしているか？
	教育研修の評価	研修は仕事で成果を出すうえで 有益だったか？	研修は自身が今後仕事を続けていく うえでの有益なヒントを提供したか？
	人事制度の評価	○○○	○○○
	業務プロセスの評価	○○○	○○○

設計編

査項目に落とし込まれます。それによって、「管理職の評価」であっても、あるいは単に「教育研修の評価」であっても、常に大所高所からの視点で評価することができます。

膨大な調査に陥るワナを避ける

　さて、常に、企業目的の大所高所に立って調査を組み立てるとなると、調査が膨大なものになる懸念も生じます。実際、調査分野が「経営理念・ビジョン／経営陣／管理職／部門間連携／チームワーク／商品力／マーケット認知／取引先関係／業務プロセス／IT活用／コンプライアンス／ダイバーシティ／教育研修／評価・報酬／キャリア展望／自分自身のモチベーション……」と、広範な分野に及ぶことも考えられます。

　そして、それらを、さらに一つひとつの調査項目・設問に落とし込んだ場合には、100項目や200項目は優に超える、長大な調査票にもなり得ます。人材開発部門としては、そのような調査を推進しきれるのか、分析しきれるのか、活用しきれるのか、そして負荷と責任を負いきれるのか、と

いう懸念も生じるでしょう。

　ここで意識すべきは、「目的達成へのアプローチが明確であれば、調査、測定すべき事項もシンプルになる」ということです。

　たとえば、「業務プロセスが適切かどうか」を分析するための調査項目を考えるとします。普通に考えると調査項目は膨大なものになりますが、たとえばトヨタ生産方式のようにアプローチを定めれば、業務プロセスが守るべきポイントが、「顧客とその要求を明確にする」、「必要な物を必要なときに必要なだけ作る」、「作業が標準から外れたらその場で原因を突き止めて標準に反映する」という３点に絞り込まれるため、あらゆる着眼点から情報を集めて複雑な分析をする必要はなくなります。

　もうひとつの例として、日本電産の永守会長は企業再生の手腕で知られていますが、企業再生にあたり対象組織の状況について長大な調査・分析を行って、再生の鍵となる要因を突き止めてきたのではありません。終始一貫して、出勤率と６Ｓ（整理、整頓、清掃、清潔、作法、躾）に焦点を当て、その向上によって再生を実現してきたといいます。これも企業目的達成への明確な、研ぎ澄まされたアプローチを前提としています。

人材開発のプロセスにも明確なアプローチを持つ

　人材開発部門は、人材開発・組織開発のプロセスに関しても、調査・測定項目を縮約することができるような、明確なアプローチを持つことが必要です。それがなければ、人材開発・組織開発について測定すべき事項も、「明確な組織目標／明確な人材要件／効果的な研修／効果的なＯＪＴ／プロセスの評価／コーチング／キャリア支援……」等々、際限なく拡大してしまいます。人材開発・組織開発のプロセスにおいて、「これが核であり、これが守られていれば、あとのことはついてくる」というポイントを見出して、原則化することが重要です。

　近年普及し始めている「１on１ミーティング」も、そのような文脈において意義を理解し、取り入れることができます。１on１ミーティングとは「上

司と部下が1対1で行う対話」のことであり、「上司と部下は、最低でも月
に1度は1対1で話すべし」というシンプルな原則のことを指します。

　対話のテーマは「業務遂行上の課題」であっても、「職場の人間関係の問
題」であっても、「キャリア上の悩み」であっても何でもよく、要は、「上司
と部下が1対1で話す機会が持たれてさえいれば、そこで必要な問題解決
はなされる」という洞察と割り切りに基づいて、1対1の対話がなされて
いるかどうか、という形式面を重視するアプローチといえます。

　測定対象を、「上司との1on1ミーティングがなされているか」、「そこ
で気づきが得られているか」ということだけに絞り込み、ただしその測定
は確実に行い、フィードバックすることによって、たとえそれ以上中身に
立ち入らなくても、——たとえば「組織目標が共有できているか」、「キャ
リア目標が共有できているか」、「課題を上司と共有できているか」といっ
たことを一つひとつ測定しなくても——人材開発・組織開発がなされてい
るかどうかを測定し・改善できる、という考え方だといえます。

第4章

調査設計の基本1
（ディメンションの設計）

✓ Point

- 調査では自社のあるべき姿を自社の言葉で問う
- 普遍的な評価軸を自社独自の言葉に進化させる
- 組織の評価軸と個人の評価軸は表裏一体とする

この章の
ワンポイント
セミナー

前章では、企業目的と関連づけて調査を企画すべきことを述べました。本章では、調査項目の設計に踏み込みます。

調査は、「自社のあるべき姿を社員に投げかけて問う」ものであり、それ自体が人材開発・組織開発のプロセスの一環であるといえます。そのため、どの企業にも当てはまる、一般的な項目で構成された調査ではなく、「自社独自の強みの強化に直結する」、「自社の価値観や世界観が反映された」、「自社の言葉で構成された」調査であることが望ましいといえます。今回は、そのような調査項目設計の原則を述べます。

なお、「調査項目」のことを、文脈によっては「評価項目」とも呼ぶことにします。

評価軸が「ディメンション」と呼ばれる意味

人や組織の評価軸や評価項目は、しばしば「ディメンション」と呼ばれます。人材アセスメントの分野において長く使われてきた言葉ですが、最近は、人や組織の評価を企画する際に、「どうディメンションを切るのがよいか」などと使われることが多くなっているように思います。

ディメンションという言葉が普及してきたことは、データ分析が普及し

てきたことと無縁ではありません。ディメンションとは、物理学で使われる「次元」と同じ言葉であり、互いに独立した軸の組み合わせのなかに対象を位置づける「分析軸」のことです。地球上にあるすべてのモノは、緯度×経度×高度×時間の４つのモノサシで把握できますが、同じように人や組織についても、互いに独立したモノサシを組み合わせることで正確に把握しよう、というわけです。そこには、人や組織をデータサイエンスの対象にしようという意思が感じられます。

そもそも、経営学の歴史は、人や組織を評価するディメンション開発の歴史だったともいえます。

たとえば、組織におけるリーダーシップの評価を、「構造づくり」と「配慮」の２軸でとらえるマネジリアルグリッド理論や、「パフォーマンス」と「メンテナンス」の２軸でとらえるPM理論は、古典的な理論として知られています。この２つの理論はほぼ同じことを言っており、どのような組織にも当てはまる普遍的なディメンションを発見したものといえます。

金井壽宏教授の1991年の学術研究書『変革型ミドルの探求』（白桃書房）では、リーダーシップを評価するそれまでのディメンション開発史が振り返られるとともに、新たな状況の中で求められるリーダーシップを評価する「11次元」の評価項目があらためて提案されています。

人や組織を評価するディメンションについては、現在もなお、多くの研究が行われています。たとえば、「これまで以上に創造性や柔軟さが求められる環境の中で、リーダーに新たに求められるようになっている姿勢・能力を、どのような評価軸・評価項目で評価できるか」といった研究が見られます。

万能のひな形を自社独自のものに進化させる

自社の人や組織を測定・分析するためのディメンションは、自社の企業目的を達成するために満たさなければならない、ときにトレードオフ（相反）する要素を、もれなくカバーするものである必要があります。

図表 4-1 ディメンションのひな形と企業の特徴反映

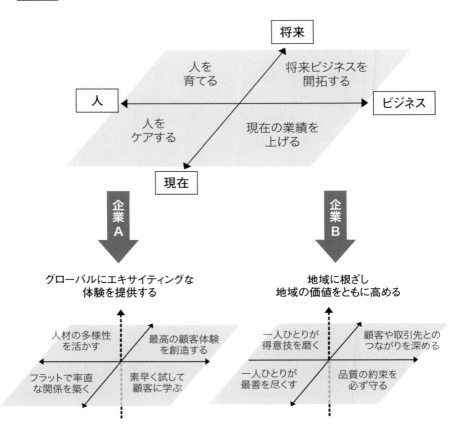

本書では、業種や規模を問わずどのような組織においても使える、また組織の評価（社員意識調査）でも人の評価（多面評価）でも使える、万能のディメンションひな形として、**図表4-1**の上段部分のような４象限のモデルを推奨します。「人（ミクロ、個）⇔ ビジネス（マクロ、全体、組織、業務）」、「将来（長期）⇔ 現在（短期）」の２軸の組み合わせのなかに位置づけられる４象限を大きなディメンションとするものです。

設計編

　ただし、「４象限の意味内容を具体的にどのように解釈し、命名するか」ということについては、企業ごとに特徴があり、異なっているべきです。たとえば、企業Ａと企業Ｂがあった場合、それぞれが自社の根本価値を反映させて各象限のニュアンスを解釈し、**図表4-1**の下段部分のようにラベル化するかもしれません。

　自社の価値観や世界観をディメンションに反映させ、それに基づいて人や組織を評価することにより、自社固有の、共通の物の見方が形成でき、価値観や哲学を浸透させることができます。それを明示するためにも、「自社の根本価値」という第５のディメンションを置くことを推奨します。

　第５のディメンションには、ときにトレードオフ関係にある要素を統合して用いる価値観や意思が相当します。人の評価のディメンションであれば、使命感ややり抜く力といった「基本姿勢」になります。

　企業ごとに４象限の意味内容やその表現が異なってくるのは、自社の根本価値という「もうひとつの軸」に影響を受けるからだと考えることができます。対立概念を組み合わせた偶数個のディメンションは、分析軸としてはわかりやすくても独自性を打ち出しにくく、それによって何を達成したいのかが見えにくくなってしまう難点がありますが、もうひとつの太い軸を組み合わせることで、この難点を克服することができるのです。

　そのような視点で振り返ると、有力企業のバリューやウェイの項目数は、奇数個である場合が多いことに気づきます。たとえば、トヨタウェイは５項目で構成されており、その原点となる豊田綱領も５項目です。豊田綱領のなかには、「上下一致、至誠業務に服し、産業報国の実を挙ぐべし」という根本価値を示す項目があり、この根本価値を中心に、他の項目が位置づけられていると理解することができます。

　自社の価値観が埋め込まれた、社員の共感を呼び起こすディメンションを設計することは、人材開発部門がリーダーシップを発揮するうえでの鍵になると言ってよいかもしれません。

ディメンションのその他の設計法

　そのほかにも、ディメンションの設計法はあります。1つは「対象別」に整理する方法です。組織の評価、すなわち社員意識調査であれば、「会社と経営陣について」、「職場について」、「上司について」、「仕事について」、「自分自身について」、「人事制度や施策について」……という具合に整理していきます。

　また、人の評価、すなわち多面評価であれば、「自分自身に対する行動」、「他人に対する行動」、「タスクに対する行動」、「概念に対する行動」、「情報に対する行動」……というように整理していきます。

　もうひとつの方法は、「行動の流れ」に沿って整理する方法です。たとえば、PDCAの着眼点から整理する方法です。組織の評価であれば、「経営戦略」、「業績管理」、「社員フォロー」、「標準化と育成」……という具合に整理していきます。そして、人の評価であれば、「企画力」、「実行力」、「反省力」、「学習力」……というように整理していきます。

　前者の対象別のアプローチは「名詞」に着目するアプローチ、後者の行動の流れに沿ったアプローチは「動詞」に着目するアプローチといえます。どちらかに偏らず、対象と行動、または名詞と動詞を組み合わせて、「どのような価値を生むのか」という着眼点から整理したほうが、企業目的の表現とも直結することになり望ましい、というのが本書の考え方です。先に述べた4象限のディメンション設計法はそのような方法です。

社員意識調査の設問項目と多面評価の設問項目は表裏一体

　4象限のディメンション設計法は、社員意識調査の設問項目設計においても、多面評価の設問項目設計においても有効であり、この枠組みのうえで、社員意識調査の設問項目と、リーダーシップコンピテンシーを評価する多面評価の設問項目とを、表裏一体のものとして設計することができます。リーダーシップコンピテンシーの発揮は、そのまま、それによって実

現を図る望ましい組織の状態と対応づけられるためです。組織の評価項目と、リーダーの評価項目とを一体的に設計するイメージを、**図表4-2①**、**図表4-2②**に示します。

具体的な設問項目への落とし込み

　さて、ディメンションは、社員意識調査や多面評価の具体的な設問項目に落とし込んでいく必要があります。先に設定した5つのディメンションは大分類、すなわち「上位ディメンション」というべきもので、それをもう少し詳細な「中位ディメンション」に落とし込み、さらにそれを「下位ディメンション」となる、具体的な設問項目レベルに落とし込みます。

　設問項目数としては、社員意識調査で最大60項目程度、多面評価で最大30項目程度にまとめることが適切です。ディメンションを設問項目レベルに落とし込む例を、部分的にですが**図表4-3**に図示します。

　設問項目への落とし込みにあたっては、自社ならではのユニークな表現があってもよいでしょう。

　たとえば、単に「当社で働くことに総合的に満足している」と聞くかわりに、「日々出社するのが楽しい」と聞くことで、社員を巻き込んで活き活きとした振り返りと改善検討ができることは、容易に想像できます。

　また、「設問項目と下位ディメンションは1対1対応にする」、言い換えると、設問の文言は下位ディメンションの定義そのものとすることがポイントです。それによって、「この設問の文言は測定したいことを正しくとらえているか」という議論をスキップすることができ、結果の解釈およびコミュニケーションが容易になります。

　同じ趣旨から、1つのことをいくつかの設問に分けて聞き、それらの回答を集計して判定するような設計は、できるだけ避けたほうがよいでしょう。

　設問ごとに、簡潔な設問名称（ラベル）を付与します。たとえば、「日々仕事に行くのが楽しい」という設問であれば、「日々の活力」というラベル

将来（長期）

**人材開発者として
次世代を育てているか**

- 人材の分布や過不足を把握している
- 雇用者としての良い評判を築いている
- メンバーのキャリア形成を支援している
- 次世代を支える人材を発掘・育成している
- 社内外のネットワーク形成を促している
- 一人ひとりの自己実現を支援している
- 出る釘の登用を呼びかけている

**戦略家として将来を
形成しているか**

- 未来に向かう視点を有している
- 顧客視点で考え、行動している
- 戦略的思考を牽引している
- 戦略の形成に皆を巻き込んでいる
- 外部と連携する共創機会を活かしている
- 複雑さを単純化する方法を見出している

**リーダーとして
自身を高めているか**

- 行動につながる明晰な思考を示している
- フィードバックを求め自分自身をよく認識している
- ストレスに効果的に対処している
- アンテナを高く張り俊敏に学習している
- 倫理観が高く誠実である
- エネルギーと情熱を有している
- 二律背反する要請の中で取るべき道を示している
- 現実を直視し勇気を持って判断・行動している

人（ミクロ、個）

ビジネス（マクロ、全体、組織、業務）

**人材管理者として
メンバーを巻き込んでいるか**

- 徹底的にコミュニケーションをとっている
- メンバーの方向性を一致させている
- メンバーに気づきの機会を与え
  学習させている
- 使えるリソースやツールを積極的に
  活用している
- ポジティブな職場環境を作っている
- 仕事の意味とやりがいを意識させている
- 多様性受け入れの意識を高めている

**執行者として目標達成を
牽引しているか**

- 目標達成に必要な技術を調達している
- 目標達成できるチームを形成している
- 意思決定の基準や手続を明確にしている
- 鍵となる人の成果責任を明確にしている
- 状況変化に機敏に対応している
- リスクを管理しつつ新しい試みを
  行っている
- 日々注視すべき指標を明確にしている

現在（短期）

※次を参考に作成：https://www.linkedin.com/pulse/what-makes-effective-leader-leadership-20-dave-ulrich/

図表4-2 ② 組織の状態の評価項目

設
計
編

将来（長期）

人材力が伸長している組織か

- 当組織のどこにどのような人がいるのか わかりやすい
- 当組織のメンバーであることを誇りに思う
- 自分のキャリアを自分で計画することができる
- 次世代の組織を支える人材が育っている
- 社内外のネットワーク拡大が奨励されている
- 当組織の中で自己実現を図ることができる
- 当組織では出る釘は打たれず登用される

将来ビジョンと戦略を持つ組織か

- 当組織が将来めざす姿は明確である
- 当組織には顧客視点の思考が根づいている
- 経営陣が示す戦略は明確である
- 戦略には現場視点が反映されている
- 外部と連携して共創する機会が活かされている
- 複雑なものの単純化が試みられている

優れたリーダーシップに導かれる組織か

- 行動につながる明晰な思考が示されている
- 現場に根ざした着実なリーダーシップが示されている
- 困難な状況下でも冷静な指示がなされている
- リーダーのアンテナは高く張られている
- リーダーは倫理観が高く誠実である
- リーダーのエネルギーと情熱が伝わっている
- 二律背反する要請の中で取るべき道が示されている
- 現実に即して適時大胆な決断が下されている

人（ミクロ、個） ← → **ビジネス（マクロ、全体、組織、業務）**

メンバーのエンゲージメントが高い組織か

- 当組織の縦・横の風通しは良い
- メンバー間の仕事の連携は十分である
- メンバーの気づきと学習が継続的に図られている
- 使えるリソースやツールが十分活用されている
- 職場の雰囲気はポジティブである
- 仕事の意味ややりがいが感じられる
- メンバーの多様性が活かされている

業務遂行力に優れた組織か

- 技術や設備は十分である
- 組織編成は効率的である
- 必要な意思決定が迅速・適切になされている
- 管理職の成果責任は明確である
- 状況変化にも機敏に対応している
- リスクを管理しつつ新しいやり方が試されている
- 日々注視する重要指標が明確である

現在（短期）

※次を参考に作成：https://www.linkedin.com/pulse/what-makes-effective-leader-leadership-20-dave-ulrich/

を付与することでよいでしょう。ただし、ラベルはあくまで便宜上のものであり、測定したいことは設問本文に示されていることです。その逆ではありません。ありがちなことなのですが、「日々の活力」を測定するための設問文章が「日々仕事に行くのが楽しい」でよいのか、という議論に陥ったら、それは不毛です。

　また、「裏返し」の表現の設問、例えば「日々忙しさのために疲れている」という設問を設けることは、集計にあたって加工が必要になったり、結果の説明が複雑になったりするのみならず、設問文章があるべき姿のメッセージにならないという見地から、望ましくありません。求める価値をそのまま表現する、「日々仕事に行くのが楽しい」という設問が適切です。

設問項目は細かく分けすぎない

　ディメンションは、いくらでも細かく分割し、多くの設問項目に落とし込むことができます。たとえば、「女性活躍推進」というテーマだけに絞っても、21項目からなる調査項目が厚生労働省によって開発されていたりします。

　しかし、細かく分割すればよいというものではなく、女性活躍推進であれば、まずは「当社では、能力や意欲に応じて活躍するうえで、性別によるハンディはない」といった１つの設問項目にまとめることで十分でしょう。そして、このテーマについてより深掘りしたいのであれば、「ハンディはある」と回答した人にその回答理由を問い、その回答内容を深掘りすればよいのです。

　設問項目の数を最大で60程度までとする理由は、ひとつには、それがA4用紙の１ページにすべての設問項目を収められる限度だからです。全項目を１枚に収めることによって、項目間の相関関係や検討優先順位など、項目を関連づけての議論が促進されます。１枚に収められない場合には、より上位のディメンションレベルに結果を集約して議論することにならざるを得ませんが、そうすると議論が抽象的になり、議論の効果性が薄

図表 4-3 ディメンションの設問項目への落とし込み

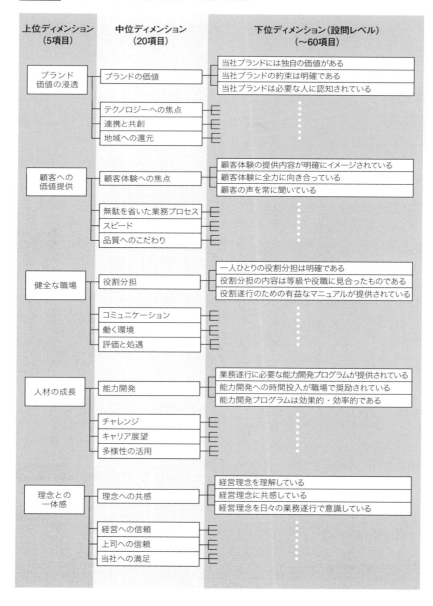

れたり、また必要に応じて設問項目レベルでの集計結果も参照しなければ
ならなくなったりするなど、議論の効率性も低下してしまいます。

　もうひとつの理由は、データ分析上のものです。ディメンションは、互
いに独立していることによって意味が生まれます。項目を増やすことに
よって似た項目が多くなれば、互いの相関関係が強すぎる項目が増えるこ
とになり、項目間の影響関係のような、全項目を見渡して関連づけを検討
する統計分析が難しくなります。似た項目をできるだけ増やさず、項目間
の独立性を確保する意思が必要です。

　以上のようにして作成した設問項目は、いったん調査を行ったら、その
後の修正・変更は最小限にとどめて、定点観測的に調査を継続し、同じ項
目で経年変化をみることができるようにすることが望ましいといえます。

　ただし、初回の調査データを統計分析することで、ディメンションの妥
当性や設問項目間の独立性、そして設問文言の妥当性を検証することがで
きますので、最初の調査にはトライアル的な意味合いを持たせ、2回目の
調査以降に設問を固定するのがよいでしょう。

第5章

調査設計の基本 2
（設問の完成）

> ✅**Point**
> - 回答選択肢はシンプルな5段階尺度を基本とする
> - 後に分析の軸とする最重要設問を想定しておく
> - 価値観や選好を問う設問も適宜加える

この章の
ワンポイント
セミナー

　前章では、人や組織を評価するディメンションを、最大60項目程度の設問に落とし込む流れについて述べました。設問を完成させるまでには、回答の選択肢設計をはじめとして、さらに詰めるべきことがあります。

回答選択肢はシンプルな5段階尺度が基本

　設問ごとに、設問の本文とともに、回答の選択肢を設けなければなりません。回答選択肢をシンプルなものにすることが、回答データのさまざまな分析を可能にします。選択肢の文言には意味を持たせてしまうことなく、かつ、すべての設問項目を通じて選択肢の数をそろえることがポイントです。

　選択肢の文言に意味を持たせてしまうというのは、次のようなケースです。選択の内容が明確になるメリットはあるとしても、分析には適しません。

　【例】　今後とも当社に長く勤めたいと思いますか？
　　　　　（定年まで勤めたい／5年以上は勤めたい／3年以上は勤めたい／
　　　　　1年以上は勤めたい／1年以上勤めることは考えていない）

また、１つの設問項目に複数のことを盛り込んでしまった場合に、次のような選択肢が設定されがちですが、これも分析には適しません。

【例】　あなたは経営理念を理解して行動していますか？
　　　　（理解し行動している／理解しているが行動していない／理解も行動もしていない）

この場合、次のように設問を分ける必要があります。

【例】　あなたは経営理念を理解していますか？
　　　　（全くその通り／どちらかといえばそうである／どちらともいえない／どちらかといえばそうではない／全くそうではない）
【例】　あなたは経営理念に基いて行動していますか？
　　　　（全くその通り／どちらかといえばそうである／どちらともいえない／どちらかといえばそうではない／全くそうではない）

　結果として、「そう思う」かどうかの５段階尺度、すなわち、「強くそう思う／どちらかといえばそう思う／どちらともいえない／どちらかといえばそう思わない／全くそう思わない」の中から選択させる方式が、最も望ましいといえます。このような、まず文言を示したうえで、それについて合意する度合いを選択させる尺度は、その考案者であるレンシス・リッカートの名にちなんで、「リッカート尺度」と呼ばれます。これにより、回答を「５点／４点／３点／２点／１点」と点数化したうえで、平均点をとったり、それを設問間で比較したりするといった、統計的な処理が可能になります（**図表5-1**）。
　回答選択肢の数については、より細かくニュアンスを把握できるよう、またより定量的分析になじむよう、７段階や９段階の選択肢にしたらどうか、という考え方もあります。７段階のリッカート尺度を作るとすると、選択肢は「強く合意／ほぼ合意／どちらかといえば合意／どちらともいえ

図表 5-1 設問の回答選択肢

	合意の度合いのシンプルな5段階尺度					自分のモチベーションにとっての重要性		
	強くそう思う	ややそう思う	どちらともいえない	あまりそう思わない	全くそう思わない	重要である	どちらともいえない	重要でない
私は当社の経営ビジョンを理解している	○	○	○	○	○	○	○	○
私は当社の経営ビジョンに共感している	○	○	○	○	○	○	○	○
私は当社の経営ビジョンと日々の仕事とのつながりを感じている	○	○	○	○	○	○	○	○
…	○	○	○	○	○	○	○	○

5点～1点の点数を割り振り、
定量分析に使用

不要

ない／どちらかといえば不合意／ほぼ不合意／全く不合意」というものになりますが、回答負担が大きくなることはもちろんのこと、段階のニュアンスの解釈が揺らぐことで、回答の信頼性（再現性）がかえって低下する傾向があることも指摘されます。したがって、日ごろから社内で7段階や9段階尺度が用いられているのでないかぎりは、5段階が望ましいというのが本書の考えです。

　また、回答の「中心化」を避けるために、真ん中の「どちらともいえない」を除いて、4段階や6段階にしたらどうか、という考え方もあります。しかし経験的には、「どちらともいえない」を除くと、1つ上の「どちらかといえばそう思う」に集まりがちになる傾向があり、「どちらともいえない」を選択肢から除いたからといって中心化傾向が避けられるとはいえません。

　大事なことは、尺度がなじみやすく、その意味合いについて共通の感覚を持てるものであることです。5段階評価は、学校の通知表をはじめ触れる機会が多いためなじみやすく、「5点満点中、何点」という集計結果の意

味合いも理解しやすいメリットがあります。

　さらにもうひとつ、5段階の選択肢に加えて「わからない」という回答選択肢を設けるか、という論点もあります。回答データの分析段階のことを考えると、設けないほうが望ましいといえます。選択肢を設けた場合、その回答は「空白」、すなわち欠損値として扱われることになり、1問でもそのように回答した人の回答は、設問項目を連携させた分析から除外せざるを得なくなるためです。

　「わからない」という選択肢を設けない場合には、「どちらともいえないと回答した人のなかには、本当はわからないと回答したかった人がいるのではないか」という指摘が出ます。一方、選択肢を設けた場合にも、「ネガティブな回答を避けたいために、回答を控える意味でわからないという回答をした人がいるのではないか」という指摘が出ます。そこにおいて、「否定的なことは語らず、黙してあとは察せよ」という文化的背景が指摘されることもあります。この問題の決定的な正解はありませんが、いずれにしても、できるだけシンプルな方法を選択すべきです。

NPS尺度も検討に値する

　近年見られるようになった尺度として、マーケティング分野で主に用いられる「NPS（ネットプロモータースコア；推奨者の正味比率）」というものがあります。これは、「この企業（あるいは、この製品、サービス、ブランド）を親しい友人や同僚に薦める可能性は、0点〜10点で表すとしたら、どのくらいありますか？」という設問に基づくものです。

　そして、単に10点満点の平均点を集計するのではなく、「10点または9点と回答した人は推奨者」、「8点または7点と回答した人は中立者」、「6点以下と回答した人は批判者」と分類したうえで、推奨者の割合（パーセント）から、批判者の割合（パーセント）を引いたものを、NPS（ネットプロモータースコア；推奨者の正味比率）と呼んで、それを指標として活用しようというものです。

　この指標を用いる意味はどこにあるかというと、「この指標が12ポイント増加すると企業の成長率が倍増する」といった法則が見出されたとされるため、企業業績の向上という目的と結びつけて調査結果が活用しやすくなることにあります。また、指標の意味合いやあるべき水準が、「推奨者の正味比率はプラスであるべき」というように、わかりやすいというメリットもあるでしょう。

　そして、この指標のバリエーションとして、「当社を職場として親しい友人に薦める可能性はどのくらいありますか？」という設問に基づく、「従業員NPS」という指標も提案されています。

　もっとも、企業の成長率との相関についての法則が、国を問わず、あるいは業種を問わずに成り立つのか、ということははっきりしていません。また、「正味比率」という指標に加工することでなぜ業績との相関がはっきり現れやすくなるのか、というメカニズムもはっきりしていません。そして、従業員NPSについては、転職が手軽ではない状況下で「職場として友人に薦める」ということはイメージしにくいため、その意味合いはわかりやすいとはいえないでしょう。

　ただ、社員意識調査や多面評価における最終的な問いとして、次のように一問だけこのタイプの設問を入れておき、他の設問や、あるいは業績評価指標との関係を分析してみる、ということは検討に値するかもしれません。

【社員意識調査におけるNPS尺度】

　当社のメンバーとして加わって働くことを、親しい友人に薦める可能性は、どのくらいありますか？（0点〜10点の中から選択）　また、その理由を教えてください。（自由記述）

【多面評価におけるNPS尺度】

　一緒に働くメンバーとしてこの人に加わってもらうことを、プロジェクトリーダーに薦める可能性は、どのくらいありますか？（0点〜10点の中から選択）　また、その理由を教えてください。（自由記述）

「重要度」を聞く必要はない

　さて、各設問に対して、「そう思う」かどうかだけでなく、「重要度」、すなわち「それはあなたにとって重要か」も聞いたほうがよい、という考え方があります。すなわち、設問項目ごとに、「極めて重要である／どちらかといえば重要である／どちらとも言えない／どちらかといえば重要でない／全く重要でない」という選択肢も平行して用意する考え方です（回答負担に配慮して選択肢を３段階等にする場合も含みます）。それによって、各設問項目を「充足度×重要度」の２軸で評価することができ、社員が「充足していないが重要であると感じている」優先課題をあぶり出すことが容易になるとされます。

　これについては、「聞く必要はなく、むしろ聞かないほうが適切である」というのが本書の立場です。重要度を聞くことによって、回答者に「経営による重要度の判断に、自分の回答によって直接影響を与えることができる」という期待を抱かせることになり、調査結果の操作を意図した回答を誘発してしまい、調査としての客観性が損なわれる恐れが出てくるためです（図表5-1）。

　重要度の回答によって経営判断に影響を与えられるのであれば、たとえば「給与水準は適切か」という設問項目の重要度の回答は、最も高くなるに決まっています。しかし、「給与水準への梃入れ」が、社員の活力を高め、組織を良くするための最重要施策であるとは限りません。重要度の判断は、社員に直接聞かなくても、結果データの分析を通じて客観的に行うことができ、そちらのほうが納得感の高い結果が得られることが多いのです。

選好や価値観を聞く設問の考え方

　ディメンションに基づいて組織や人を評価する設問に加えて、社員の選好や価値観を聞きたい場合があります。たとえば、「どの福利厚生を利用

図表 5-2 その他の設問の回答選択肢

選好を問う設問

【キャリア・アンカー】 自らのキャリアを選択する際に 最も大切な価値観や欲求 （複数選択可）	○ 管理 能力	○ 技術的・ 機能的 能力	○ 安全性	○ 創造性	○ 自律と 独立	○ 奉仕・ 社会貢献	○ 純粋な 挑戦	○ ワーク・ ライフ バランス

自由記述設問

当社の良い点・強い点	
当社の要改善点	

属性設問

あなたの性別	○ 男性	○ 女性						
あなたの年齢	○ ～25歳	○ ～30歳	○ ～35歳	○ ～40歳	○ ～45歳	○ ～50歳	○ ～55歳	○ ～60歳	○ 60歳 以上
あなたの役職	○ 一般	○ 主任	○ 係長	○ 課長	○ 部長 以上			
あなたの所属部門	○ 営業 部門	○ マーケ 部門	○ サービス 部門	○ 物流 部門	○ 製造 部門	○ 管理 部門		

   ⋮

したいか」、「いまよりも報酬に差がつく制度を望むか」などです。

　必要に応じて、そのような設問を追加することは問題ありません。たとえば「福利厚生」がテーマになっているときであれば、さまざまな福利厚生の選好を聞くなど、そのときに全社的に検討されているテーマに応じて設問を設定します。

　あるいは、自身のモチベーションの源泉となる価値観を聞く設問が有益なことについては、すでに述べたとおりです。キャリア・アンカー、すなわち「自らのキャリアを選択する際に、最も大切にしたい価値観や欲求」に関する設問がそれにあたります（**図表5-2**）。

　キャリア・アンカー概念の提唱者であるエドガー・シャインは、それを「管理能力／技術的・機能的能力／安全性／創造性／自律と独立／奉仕・社会献身／純粋な挑戦／ワークライフバランス」の８つに分類してい

す。この選択肢のなかから、どれを最も重視したいか、2つ程度を上限に選択してもらうのです。その集計結果を通じて、社員の価値観の分布や性別・世代による違いがよく見えるようになります。また、社員に対して、多様な価値観を理解し、受け入れ合うための共通言語を提供することになります。

　ただし、そういった選好や価値観を聞く設問は、あくまでも、ディメンションに基づく設問に加えての、補足的な位置づけとするべきでしょう。

　なお、選好を問う設問においては、選好の選択肢ごとに設問をばらして「これを選好する度合い」を5段階で問う、といった必要はありません（ただし、集計のときには、選択肢ごとにばらして、その対象が選好されたか（イチ）、されなかったか（ゼロ）を数値化します）。

ディメンションを介さず端的に意見を求める設問

　選好や価値観を聞く設問が有益であるならば、組織や人のディメンションに基づく評価を介することなく、社員が望む施策を端的に選択させる設問でそろえてしまうほうが効率的ではないか、という考え方もあります。しかし、それは行き過ぎであり、望ましくありません。その理由は、先に述べた「重要度」を聞く必要はないことと同じで、結果の操作を意図した回答を誘発しかねないからです。

　これに似た考え方として、「ノーレーティング」という最近の考え方があります。人を評価するディメンションごとに評価点をつけ、それに基づいて処遇や配置を検討するよりも、もっと端的に「この人には最高の昇給を与えたいか」、「この人は、今後とも常に自分のチームに置きたいか」等、対象者の処遇や配置に関する意見を管理職や周囲の人に聞いて、それに基づいて処遇や配置を検討するほうが効率的、という考え方です。これも、同じ理由で望ましくないといえます。そのように聞くことで、かえって回答者の利害や社内政治的な動機が入り込んでしまう恐れがあるためです。

　ただし、そういった副作用に注意しつつ、参考意見としてそのような設

問を最小限加えて他の評価項目との関係を分析することは、検討に値します。

自由記述回答設問は有益だが頼りすぎない

　このほか、自由記述設問を設けることは有益です。選択設問に続いて「その回答理由」を聞いたり、総合コメントとして「当社／対象者の良い点・要改善点」を聞いたりするものです。自由記述回答からは、数値データを解釈したり、解釈した結果から施策やアクションプランを導き出すうえでの有用な情報が得られます（図表5-2）。

　もっとも、自由記述回答の有用性に頼りすぎるのもよくありません。自由記述回答は「意見」表明の機会になるものであり、重要度を聞く設問と同じ注意が当てはまります。意見収集が調査の趣旨であると回答者がとらえてしまった場合には、回答内容に過度なアピールや結果操作の意図が入り込む恐れが生じます。

回答者の属性を問う設問は5, 6項目に絞り込む

　どのような「属性」で集計・分析するかということも、調査設計にあたって注意深く検討しておかなければなりません。回答者の属性とは、「性別／年齢層／勤続年数／社員区分／職群／役割階層／部門／……」といった情報です。これらに優先順位をつけて、通常はせいぜい5つか6つ程度の項目に絞り込んで、「あなたの性別を回答してください」といった、属性を問う設問に落とし込みます（図表5-2）。

　「できるだけ多くの属性で集計・分析できるように、考えられる属性はすべて聞いておく」という姿勢は適切ではありません。属性1つだけで見れば回答者母数は多くても、複数の属性を組み合わせる（クロスさせる）と回答者母数は絞り込まれてしまい、集計に適さなくなるからです。一方、回答者は、多くの属性を聞かれると、「自分がどのように回答したかが晒

されてしまう」という脅威を感じるようになります。属性を絞り込むことは重要です。

同様の趣旨から、属性をどの程度の細かさに切るか、たとえば「年齢は10歳刻みとするか、5歳刻みとするか」、「部門は部単位とするか、課単位とするか」ということも慎重に検討すべきです。

属性の優先順位は、組織のとらえ方そのものです。年功的な制度の会社であれば「年齢層」が重要で、そこから集計・分析を始めますし、独立性の高い事業部門からなる会社であれば、「事業部門」が重要で、そこから集計・分析を始めるでしょう。

なお、属性を絞り込んだとしても、それらの回答をすべて組み合わせると、母数が1、2名になってしまい、事実上、回答者が特定されてしまうケースもあり得ます。よって、回答案内において、「この調査は匿名であり、誰がどのような回答をしたかを推測できるような、少人数単位での集計・分析は行わない」ということを、明記しておく必要があります。

また、集計の正確さを期すために、「属性」については、回答依頼のときに用いたメールアドレスと人事情報とを突き合わせて後から回答データに付与する、といった運用を行うことも可能です。しかしそうする場合にも、あくまでも本人に「属性」を回答いただくことが望ましいといえます。「この調査はどのように集計・分析されるのか」ということについて、あらかじめきちんと伝えることが重要だからです。

▌回答案内の仕方

調査票は、回答の案内（依頼文面）を伴ってはじめて完成します。回答案内において、「調査の目的と意義、回答依頼者の範囲、回答の期間、回答の仕方、回答に要するおおよその時間」とともに、「回答は必須であること」、「率直な回答をいただきたいこと」、「回答は匿名データとして取り扱われること」をしっかりと説明しなければなりません。

なお、回答者の範囲に関して、「全社員に回答を依頼するか」、それとも

「全体傾向を知るための十分な回答数を得られればよいという見地からサンプリングするか」、という論点があります。人材開発・組織開発の見地からは、「全社員に回答を依頼する」ことが望ましいといえます。

　それは、回答に参加することを通じて、回答者の側も、人や組織のあるべき姿と現状とを振り返ることにつながるからです。調査は、人材開発・組織開発のプロセスそのものなのです。

　回答をどのようなウェブシステムを用いて行うか、ということも重要です。その前提として、調査を外部機関に委託すべきか、社内で実施すべきか、という論点があります。理想は、社内で実施することです。調査項目の設計は、自社の共通言語を設計することに等しく、また回答データ分析は、戦略スタッフとして自ら行うことが望ましいからです。

　しかし、調査にあたって重要なこととして、「誰がどのように回答したかということについての機密性を保持する」ということがあります。社内で回答データを収集・管理していると、この点についての社員からの信頼は得られにくいのです。

　そこで、調査を設計したうえで、データ収集は外部機関に委託し、回答者が特定されない粒度にまでデータを集計してもらったうえで、粗集計データとして受領し、その分析とレポート化は再度社内で行うことが理想になります。緊密に連携しながら、調査を進めることができる外部パートナーを見つけることが重要です。

　そして、意識調査と多面評価両方の運営を委ねて回答データを管理させることで、回答の匿名性・機密性を担保しつつ、意識調査と多面評価を突き合わせて分析することも可能になります。

多面評価の評価者選定

　社員全員に回答を求める社員意識調査では問題になりませんが、評価対象者（被評価者）の周囲の人に回答を求める多面評価においては、評価者の選定が、評価品質を確保するうえでの重要な要素となります。評価対象

者と業務上の接点があまりない人ばかり評価者として選ばれていたら、適切な回答データにはなりません。

　比較的構造が安定した組織であれば、事務局側で、次のようなルールに基づいて、プログラムを用いて人事マスタから機械的に回答者リストを準備することも可能です。

【階層に関するルール】

　どの役割階層の人は、どの役割階層から何人ずつ評価してもらうか（たとえば、評価対象者が課長であれば、部長レベルから３名、同じ課長レベルから３名、係長・主任レベルから３名、一般社員レベルから４名、評価してもらうなど）

【組織範囲に関するルール】

　評価してもらう人を、どの組織範囲まで広げるか（たとえば、評価対象者が所属する課の範囲内で評価者を探し、課の中だけでは十分な評価者数が得られない場合には部の範囲まで広げて探し、それでも十分な評価者数が得られない場合には、同じ本部・拠点内で探し、そこで打ち止めとするなど）

　事務局で評価者リストを準備できるのならば、評価対象者や回答者にとって、多面評価に参加する負荷とは、回答期間開始の案内が来たならば期限内に回答し、結果レポート開示の案内が来たならば、自らや部下のレポートを閲覧して検討するだけの負荷となります。そうであれば、年に一度、半年に一度、といった頻度で継続していくことのハードルも低いでしょう。

　しかし現実的には、組織構造やプロジェクトが明確に定義されていなかったり、さまざまな人がさまざまな役割でさまざまなプロジェクトに関与するなど入り組んでいたり、事務局側でルールに基づいて機械的に選定する難易度が高い場合も多いでしょう。

　そこで、評価対象者（被評価者）が自ら評価者を選定することが次善の策となります。その場合、次のような支援が望ましいといえます。

● どの範囲から何人選ぶか、目安となるルールやガイドラインを示す。

- 組織上近い範囲の人のみ評価者候補として提示するような選定ツールを提供する。
- 評価対象者の上司が、適切な人が評価者として選ばれているかどうか、確認・承認するプロセスを設ける。
- 評価対象者の仕事ぶりを観察する機会がなかったと評価者が感じる場合には、回答を辞退する選択肢も与える（その結果は、評価者選定の品質を事後確認するためにも用いる）。

　あるいは、多面評価の目的によっては、たとえば中間管理職のピープルマネジメント力を高めるために部下からのフィードバックを広く募る、ということに目的を絞るならば、レポートライン上の部下全員が評価者として参加する、といった、シンプルな割り切り方でもかまわないでしょう。

　将来的には、テクノロジーの力で評価者選定の自動化が可能になることも期待されます。たとえば、メールの交換履歴から評価対象者と業務上のつながりが深い人を自動的に抽出することができるようになるかもしれません。

多面評価の回答システム選定

　多面評価の評価品質を確保するうえでは、回答しやすい回答システムを用いることも、重要な要素となります。しかし、多面評価の回答システムのあり方が一般の教科書や書籍・文献で取り上げられていることは、米国の教科書も含めて、ほとんど見かけません。システムの画面という、個別性や製品性の高いテーマであることが1つの理由でしょう。しかし、重要なテーマであるため、少し踏み込んで、詳しく述べたいと思います。

　評価の品質とは一般的に、評価の「妥当性」（評価すべきものを的確に評価できていること）、そして、評価の「信頼性」（たまたまそう評価したのではなく、もう一回評価しても同じ評価結果になること）の2つの要素から成るものとされます。そして、第3章でも述べたように、多面評価とはあくまでも評価者の「主観的な認識」を示すものと割り切り、それが客観

的な真実を表しているかどうかということにこだわる必要はそれほどありません。しかし、評価者一人ひとりが自分なりの「納得感（妥当性）」をもって、また、ミスやブレが発生しにくい「安定感（信頼性）」をもって、回答できているかどうか、ということについては、大いにこだわる必要があります。

　そして、回答画面のデザインによって、評価者すなわち回答入力者にとっての「負担感」は大きく左右され、また評価者にとっての評価の「納得感（妥当性）」や「安定感（信頼性）」も影響を受けます。

　まず回答の「負担感」について述べます。多面評価では、一人の評価者が何人もの対象者を評価することは普通のこととなります。特に、対象者の階層を限定せずに組織全体として行う場合には、中間管理職は、上司の評価、同僚の評価、部下の評価…と、10名以上の対象者のことを評価しなければならないこともざらに起こります。一人の評価のために（自由記述回答も含めて）15分かかるとすれば、10名の評価のためには、単純計算で150分、すなわち2時間半かかることになり、それは忙しい現場にとってはなかなか受け入れがたい負担でしょう。

　（これは金銭的にも大きなコストであるといえます。評価者の1時間あたりの人件費を2,000円と仮定すれば、2時間半ということはすなわち5,000円の時間コストをかけて評価を行うことになります。そのような評価者が100人いたとすれば50万円、大企業で1,000人いたとすれば500万円の時間コストとなります。）

　そして、回答の負担感は、評価品質への脅威ともなります。回答をしながら根気が続かなくなり、評価が徐々にいい加減なものになっていったり、判断の基準にブレが生じるようになったりする、ということは十分に考えられることです。

　また、負担感を抜きにしても、評価した内容に間違いがないかチェックしたり、評価対象者間や設問間で比較して評価の妥当感をチェックしたり、といったことが容易でなければ、評価者はとりあえずの評価を行ったまま「登録」や「送信」ボタンを押して評価を完了させることになりがちと

なり、評価者にとって「最善の品質で評価をした」という実感が得られにくくなります。

　回答画面の設計によって、これらを大きく改善することができます。以下順を追って説明します。

　たとえば評価対象者が10人、設問が30問、評語が5段階の場合、延べ1500個の選択肢を画面に配置する必要があることになります。そしてそれら選択肢は、「評価対象者」×「設問」×「評語」の3次元の空間に位置づけられるため、それをいかに2次元の回答画面に落とし込むか、ということが問題になります。

【パターン1】

　何回かのアンケートに分けるのであれば、一般的に用いられている汎用のアンケートシステムを、多面評価の回答システムとして用いることも可能です。たとえば、10名を評価するのであれば、10回のアンケートに答える形式とするのです（**図表5-3**）。

　しかし、問題としては、回答に大きな負担がかかったり、回答を続ける中で判断の基準が変化していったり、10名分の評価を並べて比較することができないため評価結果を全体的視点からチェックすることが難しかったり、ということがあります。やはり、1回のアンケートにまとめるのが望ましいのです。

【パターン2】

　そこで、10名分の評価を1回のアンケートにまとめる方法として、「評価対象者」および「設問」については回答画面に表示し、一方「評語」については画面上に直接表示せずドロップダウンリストとして表示する形にすれば、1回のアンケートの中に収めることができます（**図表5-4**）。

　パターン2の問題としては、マウスでドロップダウンリストを表示させて選択する行為を繰り返すことには負担がかかり、選択ミスも起こりやすくなるということがあります（もっとも、全設問とも評語が同一であることを前提に、数字キーで入力できるのであれば、入力負担はかなり軽減されます）。また回答した結果、入力した選択肢の番号が画面上に並ぶこと

図表5-3 多面評価の回答画面（パターン１）

評価対象者　：　新宿太郎

設問		評語					
対象者との関係	対象者とあなたの関係を教えてください	日常的に仕事上接している ●	ときどき仕事上接している ○	ほとんど仕事上接していない ○			
❶ 目標設定	組織としての目標・方針や優先順位を明確に示している	全くそうではない ○	どちらかといえばそうではない ○	どちらともいえない ○	どちらかといえばそうである ●	全くその通りである ○	（わからない・回答不能） ○
❷ 先読み	先を見て問題を予測し、回避するための手を打っている	全くそうではない ○	どちらかといえばそうではない ○	どちらともいえない ●	どちらかといえばそうである ○	全くその通りである ○	（わからない・回答不能） ○
❸ 費用対効果	費用対効果を考えて効果の最も高い方策をとっている	全くそうではない ○	どちらかといえばそうではない ○	どちらともいえない ○	どちらかといえばそうである ●	全くその通りである ○	（わからない・回答不能） ○
・・・	・・・	・・・	・・・	・・・	・・・	・・・	・・・

になりますが、それを一覧して、入力ミスがないか、また相互に比較検証して妥当でない評価をしていないか、チェックすることは必ずしも容易ではありません。入力負担をさらに軽くし、かつ回答結果の一覧性を高めることが望ましいといえます。

【パターン3】

　そこで、「評価対象者」、「設問」、「評語」を、入れ子の形で画面上にレイアウトする方法があります。私が多面評価の回答画面の理想形として設計した回答画面のイメージを示します（**図表5-5**）。

　この方法により、マウスに触ることなく、矢印キーを用いてカーソルを動かしていくだけでスピーディに回答でき、入力作業そのものにかかる負担感はほぼゼロとなり、評価そのものに集中できます。また、自らが回答した内容を一覧してチェックすることも容易となります（「評価対象者　⊃　設問」という入れ子で表示するか、「設問　⊃　評価対象者」という入れ子で表示するか、ボタンひとつで切り替えられるようになっていれば、一層

図表 5-4 多面評価の回答画面（パターン2）

設問		評価対象者			
		新宿太郎	大久保二郎	馬場三郎	・・・
対象者との関係	対象者とあなたの関係を教えてください	1	▽	▽	▽
❶ 目標設定	組織としての目標・方針や優先順位を明確に示している	4	▽	▽	▽
❷ 先読み	先を見て問題を予測し、回避するための手を打っている	▽	▽	▽	▽
❸ 費用対効果	費用対効果を考えて効果の最も高い方策をとっている	▽	▽	▽	▽
・・・	・・・	・・・			

《プルダウン》
1. 日常的に仕事上接している
2. ときどき仕事上接している
3. ほとんど仕事上接していない

《プルダウン》
1. 全くそうではない
2. どちらかといえばそうではない
3. どちらともいえない
4. どちらかといえばそうである
5. 全くその通りである
N/A（わからない／回答不能）

設計編

チェックは容易でしょう）。

　また、このレイアウトであれば、評価対象者によって設問の範囲が異なる場合にも対応が可能になり、一部の対象者（たとえば対象者が管理職である場合）においてのみ問う設問を設けたり、フォローアップ目的で多面評価を繰り返す場合に評価対象者にとって重要な設問だけに絞ったり、といった運用の設計を、そのまま回答画面に反映させることができます。

　以上のような回答画面設計のバリエーションを踏まえながら、多面評価のシステム面を支援するパートナー企業／ベンダーと、回答画面設計の可能性を積極的に話し合うことがよいでしょう。

図表 5-5 多面評価の回答画面（パターン3）

設問		評価対象者	評語					
対象者との関係	対象者とあなたの関係を教えてください	対象者	日常的に仕事上接している	ときどき仕事上接している	ほとんど仕事上接していない			
		新宿太郎	●	○	○			
		大久保次郎	●	○	○			
		馬場三郎	○	●	○			
		・・・	○	○	○			
❶目標設定	組織としての目標・方針や優先順位を明確に示している	対象者	全くそうではない	どちらかといえばそうではない	どちらともいえない	どちらかといえばそうである	全くその通りである	（わからない回答不能）
		新宿太郎	○	○	○	●	○	○
		大久保次郎	○	○	●	○	○	○
		馬場三郎	○	○	○	○	●	○
		・・・	○	○	○	○	○	○
❷先読み	先を見て問題を予測し、回避するための手を打っている	対象者	全くそうではない	どちらかといえばそうではない	どちらともいえない	どちらかといえばそうである	全くその通りである	（わからない回答不能）
		新宿太郎	○	○	○	●	○	○
		大久保次郎	○	○	●	○	○	○
		馬場三郎	○	○	○	○	●	○
		・・・	○	○	○	○	○	○
❸費用対効果	費用対効果を考えて効果の最も高い方策をとっている	対象者	全くそうではない	どちらかといえばそうではない	どちらともいえない	どちらかといえばそうである	全くその通りである	（わからない回答不能）
		新宿太郎	○	○	○	●	○	○
		大久保次郎	○	○	○	●	○	○
		馬場三郎	○	○	○	○	●	○
		・・・	○	○	○	○	○	○
・・・		・・・	・・・	・・・	・・・	・・・	・・・	・・・

※株式会社トランストラクチャのウェブサイト：「360 度診断」の紹介ページより作成

分析編

　回答データの集計・分析の目的は、現状をわかりやすく可視化することにとどまらず、問題を洗い出し、要因を探り、取り組むべき課題と施策の方向性を特定することにあります。

　そのための基本的な手法を身につけましょう。

　さらには、コンセプト創出の手法も身につけ、新たな視点を提案していくこともめざしましょう。

第6章

データ分析・活用の全体像

✔ Point

- 結果データの分析は具体から抽象へと進める
- 戦略スタッフとして問題・課題を分析する
- キーワードとストーリーで全体像を描く

この章の
ワンポイント
セミナー

　本章からいよいよ、回答データの分析と活用に入っていきます。数多くのデータ分析手法の中から、人材開発・組織開発の専門家としては「これだけは押さえておきたい」というものを選りすぐり、それらを7つのステップに体系化します。前章までに説明した調査設計方法も、このようなステップで分析することを想定したものです。本章ではまず、全体像を示します。

　データの分析結果は、順を追ってストーリー立てて提示しなければ、納得感や説得力は得られません。「○○分析を行ってみたところ、こんな結果が得られました！」というプレゼンテーションではだめなのです。特に、統計ソフトを使うような場合には、メニューに沿って設定してボタンを押すだけで高度な分析を行うことができるため、その結果の提示を先行させがちですが、格好はいいものの実際の施策検討のためにはそれほど役立たず、何も加工を加えていない生の自由記述回答のほうがむしろ役立った、ということなど、ありがちです。

　ストーリー立てのためには、データ分析の全体像を踏まえることが重要です。そのためには、体系化の視点が重要になります。本書では、「シンプルなデータ加工」から「高度なデータ加工」へ、また「具体」から「抽象」へと歩みを進めていく形で体系化しています。ほかにも体系化の視点はあります。たとえば、「現状の記述」から「因果関係の分析」から「予測」へ、あるいは「仮説の発見」から「意思決定」へ、あるいは「1変量」から「2変量」から「多変量」へ…等です。どのような体系が望ましいかということは、

図表6-1 データ分析のステップ（具体から抽象へ）

	ステップ	内容	用いる統計手法	実用的な代替手法	用いるツール
現状の可視化	Step1	件数を数える	件数カウント		EXCELの標準機能
	Step2	平均点を比較する	平均、バラツキ（分散・標準偏差）		
	Step3	偏差値を比較する	偏差値		
問題・課題の分析	Step4	差から課題を特定する	差の検定	標準誤差のチェック	
	Step5	課題解決への鍵を見出す	重回帰分析	差の連動のランキング	
キーワード化とストーリー化	Step6	次元を集約してキーワードを生み出す	因子分析		EXCELのアドイン統計ソフト
	Step7	成功へのストーリーを作る	共分散構造分析（パス図）	因子分析と重回帰分析の組み合わせ	

分野や分析の対象によっても異なりますが、人材開発・組織開発に適した体系を意識することが重要です。

データ分析の7ステップ / ツールはExcelを使い倒す

　図表6-1は、Step1からStep7までの、各ステップの概要です。「平均」はともかく、「分散」、「標準偏差」、「偏差値」、「差の検定」、「標準誤差」、「重回帰分析」、「因子分析」、「共分散構造分析」といった統計用語が登場しますので、ひるむ方もいらっしゃるかもしれません。しかし、統計分析の特別な技能を身につけなくても、Excelのセルに決まった関数式を入れたり、統計ソフトをメニューに従って操作したりすれば、結果は出力されますので、恐れることはありません。

　ただし、出力された結果を解釈するために、手法の意味は理解しておく必要があります。そこで統計の本を開くと、多くの数式が登場して、これまたひるませる場合が多いのですが、数式の代わりに「イメージ」で理解する方法があります。すなわち、Googleで、平均、分散、標準偏差、偏差値などの言葉で画像を検索すると、その概念を説明する図形やグラフ

がたくさんみつかります。それらを見ると、何をしようとしているのかが、何となくわかります。

　統計手法は数式で定義されますが、数式は図形・グラフと対応関係にあります。したがって、図形やグラフのようなイメージを通じて手法を理解することも、かなりの程度可能ですので、そのような方法をおすすめします。

　次に、統計分析に用いるツールとしては、「Excel を使い倒す」ことを優先します。Excel の標準機能のみで、行けるところまで行きます。Step5 の途中からは、統計ソフトを用いることが現実的ですが、そこでも Excel にアドインする形式のソフトを想定します。株式会社社会情報サービスの「エクセル統計」が使いやすいですが、無料で入手できるソフトもあります。

　最近は、「データ分析者は、統計分析用プログラミング言語を学習することが望ましい」ともいわれますが、主に調査データを扱う人材開発において、それが不可欠になることはまずありません。操作性に優れ、結果の共有もしやすい Excel を使い倒すことを考えるべきでしょう。

　なお、上述の 7 ステップとは別に、自由記述回答の分析についても、別途、章を分けて扱います。いわゆるテキストマイニング（計量テキスト分析）と呼ばれる領域ですが、そこでも、まず Excel を使い倒したうえで、補完的に無料で入手できるテキストマイニングツールを使用することを想定します。

具体から抽象へと進める / 組み合わせることも重要

　Step1 から Step7 まで、シンプルなデータ加工から高度なデータ加工へ、また具体から抽象へと、歩みを進めていきます。後のステップは前のステップを前提としています。

　ただし、後のほうが加工が高度である分、価値が高い、ということではありません。シンプルな加工には、シンプルな加工ならではの価値があります。人や組織の現状を「腹に落とす」ためには、シンプルなデータ加工に基づく、具体性の高い指標のほうが適しています。一方、課題を体系化

図表6-2 抽象と具体の組み合わせ

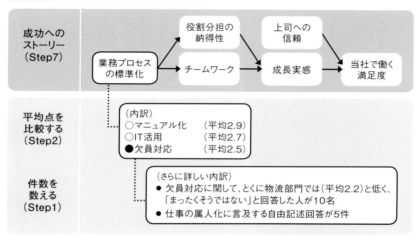

分析編

したり、今後を予測したりするためには、高度な加工を施した抽象度の高い指標が必要になります。

　そして、具体と抽象の組み合わせも重要になります。分析結果のプレゼンテーションにおいて、Step 7で導き出した抽象的なストーリーに、Step1で整理した具体的な回答件数を添えることでインパクトを出す、というやり方は、しばしば効果的となります。

　たとえば、分析結果を**図表6-2**のように整理して、

　「当社の社員満足度へのストーリーはこのように表現することができ、出発点となる業務プロセス標準化に対して施策を打つことで、全体を好転させることができると考えられます」

　「とりわけ欠員対応の項目が低く、物流部門では特に、『全くそうではない』と回答している人が10人、自由記述回答の中で仕事の属人化に言及する回答が5件あり、緊急度が高くなっています」

といった具合に説明します。

　抽象的なストーリーだけではインパクトに欠け、具体的な情報だけでは取り上げ方が恣意的と感じられてしまうことから、組み合わせることが重

要なのです。

「平均」と「バラツキ」で現状を可視化（Step1〜3）

　Step1からStep3では、基本的な統計概念を用いて現状を把握します。ここが、全体の土台となります。近年のビッグデータブームの中で紹介されるような華やかな統計手法はStep5後半以降の話となりますが、いきなりそこに飛びつくことなく、Step1〜3で用いられる基本的な統計概念を自家薬籠中のものとし、現状をしっかり把握することが重要です。日ごろ何気なく使われる「平均」も、たくさんのデータをたった1つの指標に集約する手法として、その意味は深いのです。高度な統計手法の代表格である「重回帰分析」も、その本質は要するに、たくさんのデータの点のなかに平均線を引くものといえますし、そのほかの高度な統計手法も、平均とバラツキという土台の上に組み立てられています。

　データ分析の専門家であれば高度な統計手法を用いることが慣例の場面でも、手法を構成する要素や本質を見据えることで、簡易な手法で代替することができます。たとえば本書では、統計学独特の発想が必要になり、挫折の原因にもなりやすい、「推定」、「信頼区間」、「帰無仮説」、「有意」等の概念は用いません。そのかわりに、「平均とバラツキと件数からすぐに導くことのできる、『誤差の範囲』をチェックする」という手法を、代替的に活用することを提案します。高度な統計手法の代表格である「重回帰分析」も、統計ソフトが事実上必要になり、経営陣への結果説明にも難しさが出てくることから、まずはExcelの通常の操作の範囲内ですぐ実施できる「差の連動のランキング」で代替することを提案します。

　人材開発・組織開発の実務における統計手法活用は、科学的な検証を目的とする統計手法活用とは違って当然です。

　創薬における統計手法活用であれば、「ヒトの疾病に対する特定物質の効果」を科学的に検証する必要があります。一方、人材開発・組織開発の検討対象は「ある特定組織の、ある時点での集団や個人」という移り変わ

りやすいものであり、統計手法活用の目的は「課題を識別し、施策の方向性を見出し、納得感のある根拠を得て、行動を導くこと」です。そこで求められることは、素早く関係者の気づきと納得を得て行動を導き、その行動の結果をまた評価するサイクルを速く回すことであり、そのための実用的な割り切りが重要なのです。

「偏差値」で人材開発専門家となる（Step3）

企業のスタッフ部門がデータを扱う際に、平均値で議論することまでは広く行われます。人材開発の専門家には、そこから一歩先に進んで、平均とバラツキを組み合わせた偏差値を導き出し、使いこなすことをおすすめします。人材開発において重要な概念である「強み」と「弱み」は、偏差値から導くことが適切であるからです。

「偏差値」とは、全体の中で相対的にどこに位置するかを示す指標です。単に点数の高低だけで強み／弱みを判断すると、「多くの人の強みは皆の点数が高めのコンプライアンスであり、弱みは皆の点数が低めの創造性である」ということになってしまいがちですが、それでは「強みを活かし弱みを補うことで人材を活かす」といっても意味はありません。組織の中での一人ひとりの特徴を把握し、活かし方を考え、適材適所を実現するためには、「全体の中での相対的な位置づけ」を示す偏差値が有用なのです。

教育界において偏差値が最重要指標として用いられることには理由があり、人材開発専門家も偏差値を活用することが合理的です。

問題・課題の分析で戦略スタッフとなる（Step4〜5）

Step4とStep5においては、問題・課題を分析し、課題解決への鍵を見出します。ここが、戦略スタッフとしての腕の見せどころとなります。あるべき姿に照らして現状を評価し、課題を識別し、その要因となる事象を見出し、それらの間の関連を探り、深掘りすべきと思われた点について

はさらに掘り下げる――そのような「分析思考スキル」を発揮する必要があります。

　ここでは、さまざまな切り口を組み合わせて集計・分析（クロス分析）したり、その結果の比較・分析を効率的に数多く行ったりする、Excel操作のスキルが重要となります。それに加えて、そのような分析を一気に素早く行う"飛び道具"として、「重回帰分析」を導入することも有用となります。そこにおいては、統計ソフトの使い方とともに、ソフトから出力された結果の読み方を習得する必要も出てきます。

▍実感のある言葉を創造し組織リーダーに（Step6〜7）

　分析の次は、統合のステップです。Step6とStep7では、思考の抽象度が上がり、言葉やコンセプトを操り創造する、「概念思考スキル」を発揮することが必要になってきます。細かく分析したものを統合するにあたって、作業自体は統計手法が手伝ってくれますが、「統合したものが何を意味するのか」を解釈し、適切な名前をつけることは、人が行うしかありません。データを扱いながら、同時にコピーライターのように思考する必要があります。

　また、統合の方法は１つではないため、方法やその結果を選び取り、組み合わせていかなければなりません。それは、アートの領域ともいえます。そうして、納得感のある組織像や人材像の表現ができあがったとき、それは人や組織を統合し、前に進ませる原動力となります。それこそが、人と組織の成長を促す人材開発専門家の醍醐味といえるかもしれません。

　ここでは、用いる統計手法の難易度も上がり、因子分析等の「多変量解析」と呼ばれる手法群を使いこなすことも必要となりますが、人材開発専門家としてはぜひチャレンジしたいところです。統計ソフトを使って結果を出すこと自体は難しくありませんし、まずは手を動かして土地勘をつかむことで、専門家に依頼するとしても、ともに議論することができます。外部の専門家から与えられた言葉ではなく、社内のスタッフが、内部の実

感に裏づけられた言葉にしていくことが重要なのです。

分析では人と組織をイメージすることが最も重要

　７つのステップ全体を通じて、データを分析するうえで最も重要なことは、分析を行いながら「データの背景にある人と組織の姿」をイメージすることです。

　データ分析手法自体はマニュアル化でき、場合によっては自動化もできます。そこから、何百枚ものグラフを作成することもできます。しかし、「どの分析結果が重要なのか」、「どの分析結果については、さらに突っ込んで深く分析する必要があるのか」、「複数の分析結果をどう組み合わせることで、組織の課題と方向性をうまく伝えることができるのか」といったことについては、データの背景にある人と組織の状況を理解していなければ、判断することはできません。

　「全体平均との差が大きい項目ほど大きな問題なので、その項目についてはさらにほかの属性も組み合わせて、深くクロス分析する」というように、判断の形式的な基準を置くこともできなくはありませんが、なかなか形式化しきれないのが現実です。

　社員意識調査では、しばしば「25歳未満の社員は、全社員の平均に比べてモチベーションが極めて高い」という結果が出ます。しかし、それが重要かというと、多くの場合、「まだ社会人経験が浅いため、当社に入って感じたことよりも、学生から社会人になって感じたことのほうが反映されていると考えられるため、当社の分析データとしてはとりわけ重要ではない」と判断されます。このような判断は、形式的な基準によらず、データの背景事情を洞察して初めてできることです。

　データの処理や統計手法に長けているからといって、それだけで人や組織のデータ分析を効果的に行えるわけではありません。自社の未来にコミットした人材開発部門が、自ら手を動かして分析することがベストなのです。

第7章

データ分析の基本1
（Step1〜3:現状を可視化する）

✓Point

- 分析の前にまず件数をしっかり数える
- 点数化して平均点に基づいて分析する
- 偏差値で強み／弱みを浮き上がらせる

この章の
ワンポイント
セミナー

　本章から、データ分析の具体的な方法に入ります。前章で紹介した7つのステップのうち、まずは Step1 から Step3、すなわち元データに基礎的な加工を施し、「現状を可視化する」ステップを取り上げます。

Step1: 件数を数える

（1）まず1つの数表に整理

　最初の工程は、元データを、そこからすぐにさまざまな情報を引き出せるような形に整備することです。

　まずすべての回答にしっかりと回答 ID、または連番を付与することが大切です。何か不明点があったときにはいつでも元データに遡って確認できるようにします。

　なお、設問にもしっかりと設問 ID を付与しておくことが、回答データを蓄積して経年的に傾向の変化を追うためには大切です。設問の文言の変更があった場合には枝番で管理し、いつでもオリジナルの設問との差異を確認できるようにします。

　そのうえで、まず、回答データの全体を 1 つの数表として整理し、いつでも参照できるようにします。そのこと自体が、社員の意識改革にとって

重要なステップとなります。データがない世界では、「みんなそう言っているよ！」という言葉が決め言葉になり、空気で意思決定されることになりがちです。しかし、データへのアクセスが可能になり、「何人がそう言っているのか」、「具体的にどのような発言があったのか」という問いを発することができるようになると、社員の意識は変わり始めます。

　集計の前に、まず生のデータのまま、全体を眺め回してみることをおすすめします。その際、回答値の大小に応じて自動的に着色するExcelの「条件付書式」機能を用いて、セルに色をつけてみるとよいでしょう。それだけで、まずはどこに山がありどこに谷があるのか、といった全体傾向がわかります。また、扱いに注意が必要なイレギュラー値（全問1点と評価されている等）や、データ整備の過程で生じたエラー値（回答が棄権された部分が空白ではなくゼロになっている等）が発見されるかもしれません。

　イレギュラー値やエラー値のチェック、そして必要に応じての最小限の補正は、「データのクレンジング」と呼ばれます。それは地道な、しかし重要な工程です。

（2）「イチゼロ」形式の数表が基本

　回答データは、ある回答選択肢を「選択したのか（1）／しなかったのか（0）」という、イチゼロの形式でそろえることが基本になります。そのイメージを**図表7-1**に示します。

　イチゼロ形式の数表は、いかなる形式の設問にも対応でき、かつ、そこからいかなる集計・分析もできる、万能の土台となります。「5段階のリッカート尺度設問」であっても、「複数の選択肢から1つ以上を選択する設問」であっても、同じ形式の中で分析できますし、「自由記述設問」でさえ、「回答しているかどうか」、あるいは「ある単語が含まれているかどうか」といった見地から、同じ形式の中で分析できます。

　5段階のリッカート尺度設問において、5つの選択肢に1点から5点までの数値を割り当てて登録されるようシステム化しておけば、わざわざイチゼロ形式の数表にしなくても、「1〜5点」の点数をそのまま数表化でき

図表7-1 設問別・選択肢別の集計

平均点化

件数カウント

平均点

【設問】当社の社風はオープンである						
5段階回答値	5 強くそう思う	4 そう思う	3 どちらでもない	2 そう思わない	1 全くそう思わない	ポジティブ回答
全体 2.82	2%	24%	34%	34%	6%	26%
機器部門 2.83	2%	24%	34%	35%	5%	26%
設備部門 2.84	2%	27%	31%	32%	7%	29%
装置部門 2.73	2%	19%	36%	35%	8%	21%
本社部門 2.85	3%	25%	34%	33%	6%	27%

件数

【設問】当社の社風はオープンである						
5段階回答値	5 強くそう思う	4 そう思う	3 どちらでもない	2 そう思わない	1 全くそう思わない	ポジティブ回答
全体 3772	82	907	1265	1284	234	989
機器部門 1705	40	407	575	593	90	447
設備部門 878	15	240	276	285	62	255
装置部門 647	12	126	231	229	49	138
本社部門 542	15	134	183	177	33	149

- -

元データ
（選択肢別：イチゼロ形式）

回答連番	部門	性別	年齢	5段階回答値	5 強くそう思う	4 そう思う	3 どちらでもない	2 そう思わない	1 全くそう思わない	ポジティブ回答
1	機器部門	男性	50～59歳	3	0	0	1	0	0	0
2	設備部門	男性	50～59歳	2	0	0	0	1	0	0
3	機器部門	女性	50～59歳	3	0	0	1	0	0	0
4	機器部門	男性	50～59歳	2	0	0	0	1	0	0
5	機器部門	男性	50～59歳	2	0	0	0	1	0	0
6	装置部門	男性	50～59歳	2	0	0	0	1	0	0
7	機器部門	男性	50～59歳	4	0	1	0	0	0	1
8	機器部門	女性	40～49歳	3	0	0	1	0	0	0
9	機器部門	男性	40～49歳	4	0	1	0	0	0	1
10	機器部門	男性	50～59歳	2	0	0	0	1	0	0

ます。しかし、いったんすべてイチゼロ形式にすることが基本です。それにより、「平均点だと2.1点と著しく低いが、その中で『全くそう思わない』と回答した人は何人いるのか」といった具体的な掘り下げも、直ちに可能になります。

　性別、部門といった属性についても、「男か女か」、「営業部門か製造部

門か管理部門か……」といった選択肢別に、「そうであるか（1）／そうで
ないか（0）」のイチゼロ形式にしておきます。そうすることで、後のステッ
プでの分析が容易になります。たとえばStep5において、組織や人のあ
るべき姿に向けて、どの属性の影響度が大きいのかを属性別に集計し、互
いに比較するといった作業を繰り返さなくても、（属性をダミー変数とし
て）重回帰分析を行うことで一気に判定する、といったことが可能になり
ます。

（3）回答者人数をそのまま語る意義

　「どの回答選択肢を選択した人が何人いるか」という「人数の単純集計」
は、最も初歩的で抽象度が低い集計方法です。しかし、それだけに集計上
のブラックボックスやごまかしが入る余地がなく、その結果からは逃げも
隠れもできません。その意味では、最も強力な集計方法であるともいえま
す。

　たとえば、社員意識調査の結果を経営幹部で振り返り、ディスカッショ
ンしようという場合、あえてデータの加工は最小限にとどめ、設問ごと
に「○○と答えた人が○○人いる」という生々しいデータを参照しながら
議論を行うことが、効果的な場合があります。「当社に将来性はあるか」と
いう設問への社員の回答結果を、「平均点は3.17点と高くありません」と
振り返るよりも、「全体の21％にあたる450人が、『全くそう思わない』、
あるいは『そう思わない』とネガティブに回答しています」と振り返るほう
が、はるかに実感が湧きやすく、その回答者の顔ぶれを想像しながら、「そ
の450人の内訳はどうなっているのか」、「役職別に見るとどうなのか」、
「年齢層別ではどうか」、「部門別にどうなのか」と、ディスカッションは進
むのです。

　その場合、「平均3.17点」という1つの数字によってではなく、「5点は
120名、4点は710名……」という形で説明することになるため、報告資
料の紙数が多くなってしまうデメリットはあります。資料化せずに、話し
合いをしながら、その都度画面上で「その450人の内訳は、役職別に見る

とこうです」、「年齢層別に見るとこうです」などと、細かく掘り下げて見る（ドリルダウンする）ことができるのであれば、あえて平均3.17点などと指標化する必要はないともいえるかもしれません。自在にデータを見ることができるITツールが発達することで、あえて高度で抽象的な集計・分析を行う必要性は薄れる、という逆説さえ成り立つのです。

Step2: 平均点化する

（1）回答者数から選択率へ

　選択肢ごとに回答者の人数を足し上げたあとに、それを回答者総数で割った平均を出すことにより、選択肢別の「回答人数」は選択肢別の「選択率」へと変わります。それによって、回答者母数が異なっても比較が可能となります。たとえば、「この設問に『全くそう思わない』と回答した人は、男性が235人、女性が215人です」といったところで、男性と女性で母数が違えば比較する意味はありませんが、「男性は46％、女性は57％です」といえば、比較に意味が出てきます。

（2）設問別の平均点へ

　選択肢別の集計では、5択の場合には、1つの設問に対して5つの値が対応することになり、設問間の比較が単純にはできません。そうした場合、設問ごとに「5点満点中の平均点」という1つの指標にまとめることによって、設問間の比較ができるようになります。そこから、どの設問項目が相対的に問題なのかを議論できます。そのイメージを図表7-2に示します。

　そして、一覧表にしたうえで、点数の高低に基づいて着色することで、グラフにするまでもなく、問題の把握が容易になります。なお、そのように着色した数表は「ヒートマップ」と呼ばれます。

　設問別の結果を1つの数値で表す指標として、「平均点」以外に「中央値」

や「最頻値」といった指標もあります。「平均点／中央値／最頻値／最大値／最小値」を組み合わせることで、回答の分布を正しく把握できる、という考え方もあります。しかし、項目と項目の比較や、どの項目がどの項目に影響しているのかといった項目間を関連づけた分析は、平均点に基づくことが最も妥当とされており、実際、「平均点および平均点を中心とするバラツキ」を基礎にして、豊富な統計分析手法が組み上げられています。よって、平均点を用いることをまず考えるべきです。

（3）平均点としての肯定回答率

　平均点の一種として、5択を5点から1点に割り振ったうえでの単純平均点ではなく、「肯定回答率（ポジティブ回答率）」、すなわち「肯定的な（ポジティブな）回答をした人の割合」を用いることもできます。5択の上位2つを「1」に、下位3つを「0」に置き換えたうえで平均するのです。

　肯定回答率には、意味合いがわかりやすいというメリットがあります。たとえば、調査結果を社内に広く、あるいはCSRレポートを通じて社外に公開する場合において、「『当社で長く働きたいと思っている』という設問の平均点は4.1点でした」というよりも、「肯定的な回答をした社員の割合は79％でした」というほうが、意味合いが伝わりやすいといえます。

　また、設問の内容によっては、肯定回答率のほうが意味の解釈のために適しています。「経験を積むため他社に出向してみたい」という設問であれば、「平均点は3.4点」というよりも、「肯定的／前向きな回答をした社員の割合は63％」というほうがわかりやすいといえます。さらに、肯定回答率のように1か0かを平均する割合指標には、誤差の範囲をすぐ導けるという統計分析上のテクニカルなメリットもあります。

　こうしたメリットがある反面、肯定回答率には、5択を2値に変換する過程でデータの情報量が落ち、また、「5段階で回答したのに、結局は肯定回答率を算出するためにしか用いられないのだ」という認識が、社員の間に広まってしまった場合には、率直な回答が得られなくなるリスクもあります。したがって、原則として単純平均点を用いるほうが妥当であると

分析編

図表 7-2 設問別の集計

偏差値化 → **偏差値**

	オープンな社風	革新的な社風	チャレンジの奨励	バリューの浸透	ビジョンの浸透	当社における意思決定スピード	部門間の円滑な情報流通
全体	50.0	50.0	50.0	50.0	50.0	50.0	50.0
機器部門	50.1	50.2	49.9	50.2	50.0	50.5	50.2
設備部門	50.2	50.5	49.7	50.7	51.1	49.8	52.2
装置部門	49.0	48.5	49.9	48.4	49.4	48.6	46.7
本社部門	50.4	50.2	50.9	50.3	50.6	50.3	49.7

平均点化 → **平均点**

	オープンな社風	革新的な社風	チャレンジの奨励	バリューの浸透	ビジョンの浸透	当社における意思決定スピード	部門間の円滑な情報流通
全体	2.82	2.14	2.72	2.84	2.69	2.65	2.69
機器部門	2.83	2.16	2.72	2.85	2.69	2.70	2.71
設備部門	2.84	2.18	2.70	2.90	2.70	2.64	2.89
装置部門	2.73	2.03	2.72	2.69	2.64	2.53	2.39
本社部門	2.85	2.16	2.80	2.87	2.75	2.68	2.66

元データ
（選択肢別：イチゼロ形式）

回答連番	部門	性別	年齢	オープンな社風	革新的な社風	チャレンジの奨励	バリューの浸透	ビジョンの浸透	当社における意思決定スピード	部門間の円滑な情報流通
1	機器部門	男性	50〜59歳	3	2	3	4	3	4	3
2	設備部門	男性	50〜59歳	2	2	2	3	2	3	3
3	機器部門	女性	50〜59歳	3	2	3	2	2	3	2
4	機器部門	男性	50〜59歳	2	1	1	3	3	3	3
5	機器部門	男性	50〜59歳	2	2	3	3	2	2	3
6	装置部門	男性	50〜59歳	2	3	3	4	3	2	3
7	機器部門	男性	50〜59歳	4	3	3	2	3	2	3
8	機器部門	女性	40〜49歳	3	1	2	4	1	2	2
9	機器部門	男性	40〜49歳	4	2	3	3	3	2	4
10	機器部門	男性	50〜59歳	2	2	3	2	2	3	2

いうのが本書の考えです。ただし、プレゼンテーションの目的に応じて、肯定回答率を併用することは良い方法でしょう。

（4）属性別集計とそのクロス集計

　集計単位としては、全体集計、属性別集計（年齢層別等）に加え、複数の属性を組み合わせたクロス集計（「年齢別 × 職種別」、「年齢別 × 役職別」等）を行います。3つ以上の属性のクロス集計（「年齢別 × 職種別 × 男女別」

等）まで行うこともあります。

　属性のすべての組み合わせで集計すると、何百という数表やグラフができあがってしまうこともあります。そのすべてに意味があるとは限らないため、「その属性での集計は重要か」、「属性を組み合わせても十分な回答データ数が確保できるかどうか」の2つの観点から、どこまでクロス集計を行うかを判断します。属性を組み合わせた結果、データ数が3人を割り込む場合には集計は行わないか、属性区分を統合（「65歳以上」を「60歳以上」に統合する等）するべきでしょう。

　「どのような属性の組み合わせで集計することを優先すべきか」は、「どのような視点で組織をみることが重要か」ということを反映します。たとえば、「男女での役割分担色が強い」、かつ「終身雇用・年功序列色が強い」組織であれば、男女別、年齢別、そして、男女別 × 年齢別の枠組みで集計・分析することが優先されます。

　あるいは、「職種別に求める人材像が異なり」、かつ「事業部門別に顧客業界に沿ったカルチャーを持つ」組織であれば、職種別、事業部門別、そして、職種別 × 事業部門別の枠組みで集計・分析することが優先されます。

Step3: 偏差値化する

　平均点は、最も有用な指標ですが、1つだけ難点があります。それは、単なる平均点の高低によっては、強み／弱みを判断することができないということです。

　強み／弱みを判断するには、全体の中でどの辺りに位置するかということを見る必要があるのです。そのための方法が、「標準点化」、または「偏差値化」という方法です（統計の世界における標準化とは、業務プロセスにおける標準化とは意味が違い、「特定の値が、平均点を中心としたバラツキの幅の中で、どこに位置するか」を指標化することを指します）。平均点からどれくらいプラスか／マイナスか、ということを指標化するにあたり、平均点より0.3点プラス／0.2点マイナスといった乖離の大きさを

そのまま指標化するのではなく、全体のバラツキの幅に照らして、平均点からの乖離度合いを指標化するのです。すなわち、同じプラス／マイナスの点数であっても、全体のバラツキの幅が大きければ乖離度合いは小さく、全体のバラツキの幅が小さければ乖離度合いは大きく評価されることになります。

　偏差値を出すためには、平均点とともに、回答のバラツキの幅を示す「標準偏差」という値を、あらかじめ出しておきます。標準偏差とは、「個別の点数が、全体の平均点からどれくらい平均的に乖離しているか」という見地から、「データのバラツキの幅」を示す指標であり、Excel では stdev という関数で求められます。そして、「個別の点数と平均点との差」を「標準偏差」で割ることで、回答データ全体のバラツキの中における位置を示す点数である「標準得点」を導きます。「標準得点」は、平均点を示す0を中心に、±2点の間に概ね収まる点数になりますが、プラス方向とマイナス方向とがあり、しかも値が小さく小数点を使わなければ語れないという使いにくさがあります。より使いやすくするために、10倍して値を拡大し、さらに50を足して50が平均点になるように調整することで、いわゆる「偏差値」が導かれます。

　偏差値においては、データ件数が十分に多い場合、平均点に当たる偏差値50を中心に、偏差値50±10（60から40）の範囲に全体のおよそ68%が、そして50±20（70から30）の範囲に全体のおよそ95% が入ることが想定されます（厳密には、そのように言うためには、回答分布が平均点を中心とする「正規分布」となっていることを確認する必要がありますが、普通はそうなるものと割り切ることで十分です）。

　分析することだけを考えれば、標準得点をわざわざ10倍して50を足して偏差値にする必要はないのですが、「標準得点化して強み／弱みを判断しています」と説明しても、標準得点という言葉は一般に普及しておらず理解が得られにくいため、偏差値にしてしまうほうがよいでしょう。なお、第9章で紹介する「因子分析」から導かれる、回答値を因子別に集計し直した値である「因子得点」は、0を中心とする「標準得点」の形で提示され

ることが一般的です。

　平均点を主な指標として用いながら議論をする場合にも、強み／弱みを議論する段においては、偏差値を用いることがより適切です。たとえば、社員意識調査において部門別の特徴や強み／弱みを明らかにしたい場合、図表7-2に示すように、単純に平均点だけでみると、装置部門の弱みは「革新的な社風」となります。しかし、回答分布全体の中での偏差値に着目するならば、弱みは「部門間の円滑な情報流通」となります。これこそが、組織内における装置部門の特徴といえるのです。一般的に、強み／弱みは偏差値によって語ることが適切であり、とりわけ個人に焦点を当てた多面評価のフィードバックにおいては、本人を他の人と比べた相対的な強み／弱みに焦点を当てた、偏差値に基づく強み／弱みの提示が効果的になります。

分析編

第8章

データ分析の基本2
（Step4〜5:課題解決の鍵を見出す）

✅Point

- 現状の可視化から課題の特定に進む
- 目的変数の高低で母集団を分けて差を分析する
- 取り組むべき課題と施策の方向性を見出す

この章の
ワンポイント
セミナー

　Step4から Step5において、「問題・課題」を分析し、課題解決の鍵を見出します。問題・課題とは「あるべき姿との差」を意味します。「問題とは現在あるべき姿との差であるのに対し、課題とは今後あるべき姿との差である」といわれたり、「問題の中で、解決に向けて取り組まれるべきものが課題である」といわれたりしますが、要は「差」であることがポイントです。よって、問題・課題の分析とは「差の分析」であるといえます。

▍Step4: 差から課題を特定する

（1）設問別平均点の高低で並べ替える

　問題・課題を特定するために、まず平均点が低い設問項目に着目します。ただし、平均点が低いこと自体が問題なのではなく、「本来想定される点数と比べて低いから問題」と考えるべきです。「どちらともいえない」に相当する3.0点を下回ったら明白な問題である、といった基準を、まずは与えることができるでしょう。あるいは相対的に、「他の設問項目よりも低い」のならばより問題である可能性が高い、と判断を方向づけることもできるでしょう。いずれにしても、点数が低い順に設問項目を並べ替える（ソートする）ことで、特にどの設問項目が問題なのかを明らかにします。

次に、「組織全体の平均点との差」を見ることで、ある属性集団の固有の問題を見ていきます（**図表8-1**）。「男女別／年齢別／役職別／部門別」等の切り口で属性集団を取り出し、その集団の平均点を組織全体の平均点と比べることで、組織全体の傾向と比較した、属性集団固有の特徴や問題をみるのです。組織全体と比べて特に低い設問項目があるのであれば、その項目はその属性集団固有の問題を示している可能性が高いでしょう。ここでも、どの設問項目で特に差が開いているのかをはっきりさせるために、差が開いている順に設問を並べ替えるのがよいでしょう。

（2）目的変数の高低で母集団を分ける

　目的をもって問題・課題を分析する見地から重要になるのは、「目的変数」に基づいて母集団を分ける、ということです。目的変数とは、「それを最大化したい項目」、そして「調査の結論を導く項目」といえます。

　社員満足度調査であれば、「会社への総合的満足度」という設問項目が、目的変数になるでしょう。そして、母集団を、回答がポジティブな「総合満足度が高いグループ」と、回答がネガティブな「総合満足度が低いグループ」とに分けてその差を比較し、どのような設問項目で差が開いているかを精査します。両グループの間で差が大きく開いている設問項目は、総合満足度との連動（相関）の度合いが高く、総合満足度を左右する要因を示している可能性が高いといえます。

　目的変数は1つとは限りません。また、目的変数の要因となりうる設問項目は「説明変数」と呼ばれますが、説明変数として位置づけた項目を、次の分析では目的変数として分析することもあります。たとえば、「総合満足度」を目的変数として分析したところ、「社員の成長実感」の影響が大きいことがわかったため、今度は「社員の成長実感」を目的変数として、どの設問項目がそれに影響を与えているかを探る、といったことはよく行われます。このように、目的変数に影響を与える要因を、順々にツリー状に遡っていき、施策を打つべき根本的な要因を探っていくのです。

　設問項目ではなく、「属性項目」を目的変数とすることもできます。たと

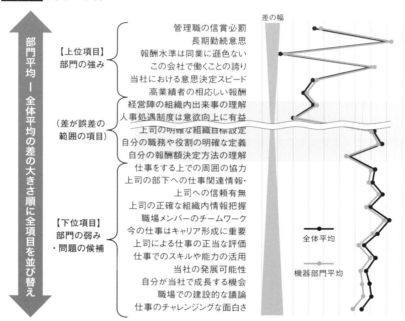

図表 8-1 問題の分析

部門平均 − 全体平均の差の大きさ順に全項目を並び替え

【上位項目】
部門の強み

管理職の信賞必罰
長期勤続意思
報酬水準は同業に遜色ない
この会社で働くことの誇り
当社における意思決定スピード
高業績者の相応しい報酬
経営陣の組織内出来事の理解
人事処遇制度は意欲向上に有益

(差が誤差の
範囲の項目)

上司の明確な組織目標設定
自分の職務や役割の明確な定義
自分の報酬額決定方法の理解

【下位項目】
部門の弱み
・問題の候補

仕事をする上での周囲の協力
上司の部下への仕事関連情報・
上司への信頼有無
上司の正確な組織内情報把握
職場メンバーのチームワーク
今の仕事はキャリア形成に重要
上司による仕事の正当な評価
仕事でのスキルや能力の活用
当社の発展可能性
自分が当社で成長する機会
職場での建設的な議論
仕事のチャレンジングな面白さ

差の幅

全体平均

機器部門平均

えば、以前に調査したデータを用いて、その後離職した回答者にはフラグ
を振って分析することで、「会社や職場をどう思っている人が離職する傾
向にあるのか」を分析することができます。さらに、このような属性項目
を介する方法によって、他の調査結果や人事データと連結することもでき
ます。「回答者の部署のストレスチェック結果は良好か／良好でないか」と
いう属性項目をデータに持たせておくことで、「ストレス度合いが高い部
署とそうでない部署との差」を精査し、高ストレスの要因を探ることがで
きるでしょう。

　多面評価においては、社員意識調査と比べて、「何を目的変数とするか」
を意識して設問を設計することは、それほどありません。しかし、「これ
からも、この人と一緒に仕事をしたいか」といった設問を設けた場合には、
それを目的変数として、何がそれに影響を与えるのか探ることには意味が

あるでしょう。また、男女別、年齢別……と同じように、「対象者は高業績者か／低業績者か」という属性をデータの中に組み込んでおくことで、「高業績者はどのような特徴を持つ人材か」を探ることができます。

あるいは、回答者側の属性に目的変数を組み込んで分析することもできます。たとえば、「この回答者は、社員意識調査において成長実感が高いと回答したかどうか」ということを組み込んで分析することで、「成長実感が高い／低い社員は、上司をどうみているか」、ひいては、「部下に成長実感を得させるための上司の行動のポイントは何か」を明らかにすることができます。

(3)「誤差の範囲」の考え方

平均点の差を吟味するうえで気をつけなければならないのは、「その差は、問題といえるほどの差なのかどうか」ということです。組織というものは常に何らかの問題を抱えているものと想定し、全項目のうち、一定の割合（たとえば２割）は何かしら問題を示しており、かつ基準値や想定値との差が大きい設問項目ほどそうであると仮定できるため、差の大きい上位一定割合の項目は問題を示していると見なす、というのが１つの考え方です。それでも、「3.3点と3.2点の0.1ポイントの差」が議論の焦点になる場合などは、「この程度の差であれば、ほとんど同じといってもよいのではないか」という疑問は生じ得ます。

「この差はたしかに意味のある差である」と言うためには、統計学的には「平均値の差の有意性の検定」という手続きが必要です。しかし、考え方が専門的になるため説明を聞く側にとって理解が難しく、差を議論する都度その手続きを踏むことも非現実的なため、差の有意性の検定の初歩ともいえる、「その差が誤差の範囲でないかどうかのチェック」のみ行うのが実用的でしょう。

「誤差の範囲」とは、「今回の平均点はこうだったが、それはたまたまだったという側面もあり、念のため、もう一度回答を集めて平均点をとったら、この程度ぶれることは普通にある範囲」のことであるといえます。それを

「平均値の標準偏差」、すなわち「標準誤差」といい、それは、やや簡素化して述べれば、「回答データ全体のバラツキ（標準偏差）」を「回答件数の平方根」で割ることで導き出されます（「標準偏差」は回答データそのもののバラツキでしたが、「標準誤差」は回答データ全体の中から任意のサンプルを作って平均値を出したときの、その平均値のバラツキにあたります）。2つの平均値を比較して「たしかに差がある」と言うためには、標準誤差の範囲がぶつからないだけの差、すなわち2つの平均値それぞれの標準誤差を足し合わせた分（望ましくはその1.5倍）の差である必要があります。

　標準誤差の重要なポイントは、「回答件数が少ないほど誤差が大きくなる」ということです。よって、人数が少ない集団に細かく分けて集計するほど誤差は大きくなるので、一見明らかな差にみえても注意が必要になってきます。たとえば、1,000人の回答の平均値であれば、0.1ポイント離れていれば「はっきり差があります」と言って全く問題ないところ、そこから50人の部門を抜き出して算出した平均値の比較であれば、0.4ポイント程度離れていないかぎり、「はっきり差がある」とは言わないほうが安全、ということになったりします。

　1点から5点の5段階から選択させる設問の場合、その設問の回答値全体のバラツキは、標準偏差で0.8~0.9程度になることが多くなりますが、0.9だったとしましょう。すると、1,000人分の集計どうしを比較する場合（たとえば男女で比較するにあたり男女とも1,000人ずつの場合）、1,000の平方根は31.6なので、0.9を31.6で割って標準誤差は0.03となり、はっきり差があると言っても安全な差の大きさは、0.03の3倍の0.09ポイントになります。

　これに対し、50人分の集計どうしを比較する場合（たとえば部門間を比較するにあたり各部門の人数が50人程度の場合）、50の平方根は7.1なので、0.9を7.1で割って標準誤差は0.13となり、はっきり差があると言っても安全な差の大きさは、0.13の3倍の0.39ポイントになります。

　ここでもうひとつ、踏まえるべきことがあります。それは、人が何かに評価点をつけるとき、評価点の絶対値の誤差の程度と比べて、相対での評

価順位は比較的安定しているということです。つまり、回答者による評価の甘辛のブレが大きく、評価点の絶対値の信頼性が高くない場合であっても、「どの項目が相対的に強いか／弱いか」という評価は比較的安定しているため、その情報を積極的に用いることができます。差の大きさに基づいて設問項目をソートしながら、相対的に問題・課題を発見することが妥当である理由は、このことに求められます。

　また、特に多面評価においては、被評価者1人あたり、せいぜい数人から十数人程度の回答しか得られないにもかかわらず、その結果を当人の強み／弱みを見出す参考情報とすることが妥当である理由も、このことに求められます。

Step5：課題解決への鍵を見出す

（1）2分した集団の差から要因を見出す

　Step5では、Step4で見出した問題・課題の候補を整理し、それら相互のつながり（因果関係）を見出し、問題・課題の全体像を浮かび上がらせ、何に対して施策を打つことが効果的かを明らかにします。**図表8-2**に分析例を示します。ここで行うことは、課題解決や目的達成に影響を与える要因は何か、そして、どの要因に対して施策を打つべきかを探ることです。そのために、「影響力が大きい順に設問項目を並べ」、「重要な要因の候補を選ぶ」ということを行います。

　目的変数に基づいて、望ましい集団と望ましくない集団とに2分割して、それぞれの平均点を比較し、差が大きい順に設問項目を並べ替えます。このとき、差が大きい上位2割程度の項目は、「重要な要因」の候補と見なしてよいでしょう。マネジメントの要素には、「トップダウンがうまくいけば、ボトムアップがうまくいかない」といった具合に相反する要素があり、すべてがうまくいっているということはまずありません。そのため、常に2割程度の項目は要因候補と見なしても、大過はないといえます。

図表 8-2 課題解決への要因の分析

変　数	標準偏回帰係数	P<0.01
当社経営陣への信頼	0.20**	
ビジョンの浸透	0.14**	
この会社で働くことの誇り	0.13**	
自分が当社で成長する機会	0.12**	
会社に対する思い入れ	0.12**	
当社で長期的キャリア目標達成展望	0.08**	
経営陣の市場・顧客の期待理解	0.07**	
昇進昇格選抜の適正さ	0.06**	
長期勤続意思	0.05**	
適度な抜擢人事の実施	0.04**	
自分の報酬額決定方法の理解	0.04*	
チャレンジの奨励	0.03*	

全体平均

目的変数：
「当社の発展可能性」
にポジティブに
回答した者の平均

① 目的変数にポジティブに回答した者の平均－ネガティブに回答した者の平均の差の大きさ順に並び替え

② 差が大きい項目順に検討し、要因と考えられる項目を抽出

当社の発展可能性
当社経営陣への信頼
この会社で働くことの誇り
会社に対する思い入れ
当社で長期的キャリア目標達成展望
自分が当社で成長する後会
ビジョンの浸透
経営陣の従業員コミュニケーション
長期勤続意思
仕事のチャレンジングな面白さ
管理職のリーダーシップ
経営陣の市場・顧客の期待理解
評価要素や基準の周知
管理職のメンバー感情への注意
人事処遇制度は意欲向上に有益
評価制度運用の公正さ
今の仕事はキャリア形成に重要
管理職

③重回帰分析結果とも照らし合わせ

適度な抜擢人事の実施

　ただし、そもそも要因とは考えにくい項目があることに注意します。た
とえば、人材を成長させるための施策を考えるにあたり、「成長実感」を目
的変数として、成長実感が高いグループと低いグループとの差が大きい順
に設問項目を並べた結果、「総合満足度」の順位が高く現れたとします。し
かし、「総合満足度」が「成長実感」の要因であるということには明らかに
無理があり、「成長実感」が「総合満足度」の要因と逆向きに考えるほうが
自然です。このような場合は、「総合満足度」は「成長実感」の要因として
は無視するしかありません。「どちらが原因でどちらが結果か」という因果
関係は、内容によって判断するしかないのです。

　また、具体的に施策を打つことが可能な項目を優先的に選びます。たと
えば、「成長実感」の有力な要因の候補として、「仕事の面白さ」と「キャリ
アの展望」の２つが上がったとします。この場合、「仕事の面白さ」よりも
「キャリアの展望」のほうを、要因としては優先します。キャリアの展望

を高めるほうが、「キャリアパスの開示」、「キャリア面談の実施」などの具体的な施策に落とし込みやすいからです。

（2）自動着色やグラフを活用する

　差の大きさを比較検討する作業の実際としては、部門別や属性別に集計した設問項目別平均点の大きな表を準備したうえで、「平均点自体の高低」や「平均点を比べた差の大小」に基づいてさまざまに設問項目をソートし、問題とその要因の候補を洗い出し、絞り込んでいくことになります。その基本動作は集計表の並び替え（ソート）ですが、まずそもそも「値の高低を見えやすく」しておくことも重要です。Excelの条件付書式機能を用いて数字の高低に応じて数表のセルに色をつけて「ヒートマップ」化する方法や、グラフ化する方法があります。

　また、Excelのaggregate関数を活用することで、部門別や属性別等、回答データをフィルターで絞り込んだ範囲の平均点や偏差値や標準誤差が、自動で計算されるようにしておくとよいでしょう。フィルターをワンタッチで操作できる「スライサー」を用いることで、分析はさらに容易になります。

　そのうえで、ピボットテーブルやaverageif(s)関数を活用することで、部門別や属性別、また複数の属性を組み合わせて集計した平均点の一覧表を作成しておくとよいでしょう。さらには、Excelの2020年の新しいエディション（Microsoft365 Apps for enterprise）から使えるようになり始めたxlookup関数、filter関数、sort関数等、一連の関数を用いることで、見たいデータを自在に抜き出してソートして表示させる、分析のための「ダッシュボード」を作成することも容易にできます。たとえば、設問ごとに、平均点、肯定回答率などとともに、「当該設問の原因または結果となっている可能性の高い関連設問トップ10」などを自在に表示させることも可能です。プログラミングスキルを持たなくても、あるいはBI（ビジネスインテリジェンス）ツールを導入しなくても、データを自在に抽出・分析できる環境が、Excelの中で作れるようになってい

分析編

ます。

　グラフ化する場合には、グラフの種類としては、ほとんどの場合「折れ線グラフ」が最善です。折れ線グラフは棒グラフや円グラフやレーダーチャートの要素を含み、かつ、複数の属性別集計を複数の線として同時に掲載でき、かつ「定規を当てながら」の精査にも適しています。折れ線グラフは見た目の線が細いため、見た目のインパクトを重視する場合には、他のグラフ形式のほうが適している場合もありますが、常に一定のグラフ形式でデータを示すことは、そのグラフ形式を組織の共通言語とすることにもつながり、データ分析結果の理解と受け入れの促進にもつながります。そのような効果を得るために、グラフのテンプレートを作成しておき、データを入れ替えながら同じ形式でグラフを出力できるようにしておくことも1つの方法です。

（3）平均値での比較か偏差値での比較か

　設問項目別に比較対象集団との差の大きさを比較するにあたっては、理想的には、平均点の差を比較するよりも偏差値の差を比較したほうが望ましいといえます。平均点そのままの差は、回答のバラツキが小さくなりがちな設問項目（たとえば「コンプライアンス」）よりもバラツキが大きくなりがちな設問項目（たとえば「上司への満足度」）のほうが大きくなりがちなためです。その結果、「総合満足度にもっとも大きく影響する項目は上司への満足度である」といった結論につながりやすくなります。偏差値では回答のバラツキが事前にそろえられるため、その心配はありません。

　ただし、プレゼンテーション時の説明が煩雑になることも考慮すると、無理にいつも偏差値で比較する必要はないでしょう。回答のバラツキが設問項目によって極端に違わないよう、設問項目を設計する際には設問文言に注意するとともに、回答データが得られた段階でも実際の回答のバラツキに極端に大きな差がないかどうかチェックし、あとはそのような傾向性に注意しつつ、平均点の差に基づいて分析することで十分な場合が多いといえます。

　なお、偏差値で比較検討を行う場合には、集計に先立って回答データを整理する段階で、すべての回答値をあらかじめ偏差値化してしまったうえで、部門別や属性別に「偏差値の平均」を集計することが、良い方法です。平均点を集計・分析するのと同じツールを用いて、ただしインプットを、「元データそのもの（たとえば、１点から５点）」から、「元データを偏差値化したもの（たとえば、23.4、34.3、45.2、56.1、67.0といった値）」に差し替えることで、「偏差値版」の分析を行うことができます。

分析編

（4）重回帰分析は補助的に用いる

　目的達成への要因を探るために、目的変数を向上させる数式をずばり導く「重回帰分析」という手法が多く使われます。これにより、（影響関係の重複による、見かけ上の影響関係を取り除いた）より精度の高い議論ができます。統計ソフト、たとえばエクセル統計のメニューに沿って分析自体はすぐに実行でき、結果も出力されますので、「標準偏回帰係数が大きい順」に設問項目を並べて、要因といえる項目を見出します。

　ただし、結果をそのまま鵜呑みにするのではなく、手法を理解したうえで、結果を吟味する必要があります。設問項目間の相関が強すぎる場合など、場合によっては、本来とは一見正反対の結果が出たりすることもあるためです。強力な手法だけに、"じゃじゃ馬"のようなところがあるのです。

　それに対し、先に述べた、母集団を２つに分けて差の大きさをランキングして精査する手法は、重回帰分析と比べると原始的といえますが、判断の過程にブラックボックスがなく、また、説明がしやすく納得感も得られやすいため、まずはその手法を中心に分析し、重回帰分析を補助的に用いることをおすすめします。

　重回帰分析という、"飛び道具"の使用を前提とせず、まずは「平均点の比較と差の順でのソート」という"刀"を徹底的に使いこなし、組織の共通言語とすることが、データ分析・活用の裾野を広げることにつながる、というのが本書の考えです。

第9章

データ分析の基本3
（Step6〜7:アイデアを創造する）

この章の
ワンポイント
セミナー

✅Point

- まとめのためのデータ分析手法を活用する
- 因子分析ではネーミングのセンスが鍵になる
- マップやストーリー図で全体像を把握する

　Step6からStep7は「アイデアを創造する」段階といえます。Step5までは、組織や人をさまざまな切り口で切りながら問題と要因を見つけ出す分解のプロセスでした。ここからは、それを統合、抽象化し、組織や人の姿を1枚の絵にまとめていくプロセスになります。まとめたものには「名前」や「コンセプト」を与える必要があり、それは創造的な活動といえます。コンセプトづくりの古典的な手法である「KJ法」において、集めたカードにラベル名をつける際に、創造的センスが必要になることに似ています。そして最終的に、個々の人や組織の特徴をマップで「見える化」するとともに、成功へのストーリーを描きます。

Step6:次元を集約してキーワードを生み出す

（1）次元を集約する因子分析

　前のステップにおいて、数十ある設問項目の中から、問題・課題を示す項目、そしてその要因となる項目を洗い出し、施策を打つべき項目は何か、たとえば「欠員対応」が鍵となるのではないか、といった具合に見当をつけました。しかし、それだけでは全体像が見えたとはいえません。全体像が見えていなければ、施策にヌケモレがある可能性も捨てきれず、そ

れでは経営は施策に踏み込むことができません。個別の項目を掘り下げる検討とともに、すべての項目を関連づけて全体像を見渡すことも必要なのです。そこで、「因子分析」という手法を用い、設問項目を整理・統合して、全体像を把握します。

　因子分析とは、設問項目に相当する多数（数十個）の次元を、少数（数個）の次元（因子）に集約して説明する手法です。「知的能力を大きく『文系的能力』と『理系的能力』の２つで説明する」というのが代表的な例です。

　因子分析は、社員の回答データから、「社員に共通する、人や組織を見る視点」を浮かび上がらせます。第４章で説明した設問設計においては、人や組織を把握するディメンションを設定し、それを設問項目単位にブレークダウンしましたが、因子分析は、設問項目別の回答データからディメンションを再構成することに相当します。設問設計におけるディメンション検討は「仮説」を立てることに相当し、回答データの因子分析は、社員の目を通した「検証」に相当するともいえます。

　因子分析は、テクニカルに表現すると、「設問項目一つひとつを目的変数とし、架空のディメンションを説明変数として、重回帰分析をすること」に相当するのですが、そもそもその「架空のディメンション」が決まっていないところから分析を出発することもあって、重回帰分析に比べても、理論の内容をイメージする難易度が高いものです。しかしその意味合いについては、因子分析が文系の学問である心理学の知能研究において開発された手法であることを踏まえると、親しみやすくなるかもしれません。

　因子分析が確立された最初の大きな研究は、さまざまな学習科目の成績を分析することで、知能を７つの要素、すなわち「数的処理能力／言葉の流暢性／空間把握能力などの視覚処理／記憶力／知覚速度／帰納的推論／論理的な言語能力」で説明する、サーストンによる知能の研究であるといわれます（余談ながら、この７つの知能因子理論は、データから導かれたものだけに、人材開発部門が社員のスキルを分類・体系化するうえで、いまなお示唆に富むと思われます。たとえば、「財務／営業／技術／人事／管理／企画／経営」といった職能分野と対応づけて、各職能分野の本質を

考えることができます）。

　心理学の性格理論の定説とされる、人の性格を５つの要素、すなわち「開放性／真面目さ／外向性／協調性／精神安定性」で説明するビッグファイブ理論も、さまざまな心理テスト結果の因子分析に基づいて導き出されたものです。

　経営学の分野では、リーダーの行動を「構造づくり」と「配慮」の２軸で説明する、1950年代のオハイオ研究と呼ばれる研究が、因子分析手法による初期の研究の代表的なものです。その研究に続く形で、さまざまなリーダーシップ理論が生まれました。

　心理学や経営学における多くの理論が因子分析手法を用いて構築されてきたことを踏まえることで、それらの理論の理解を深めることができます。そして、かつては大変な費用と手間をかけて行われていた因子分析が、いまは自分のPC上でできてしまう恩恵を享受しない手はありません。「リーダーシップモデル」も「高業績組織の要因モデル」も、出来合いのものをそのまま導入して終わりとするのではなく、自社の調査データの分析結果に基づいて、"自社の言葉"としてブラッシュアップしていくことで、人材開発・組織開発のレベルを一段も二段も進化させることができるはずです。

（2）因子分析を実際に行ってみる

　実際に因子分析を行ってみましょう。重回帰分析に用いたのと同じ統計ソフトを用いて分析自体はすぐにでき、結果が出力されます。因子分析では、「いくつの因子で説明するか」を事前に設定します。ソフトの設定にて「因子の斜交回転」という設定をしたうえで、因子の数を２個、４個、６個、８個、１０個と増やしながら、５パターンほど分析を行ってみるのがよいでしょう。「これ以上因子を増やしても、いずれの設問項目にも微少な影響力しか持たない因子しか出てこない」状態になったら、そこで打ち止めとします。設問項目が30項目の多面評価では４〜５個の因子が、60項目の社員意識調査では８〜１０個の因子が、通常、無理なく識別できます。

図表 9-1 因子の抽出とネーミング・解釈

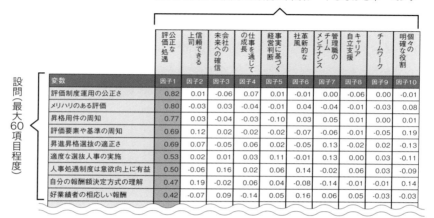

最大10因子を抽出し、順番に降順ソートしながらネーミング

設問（最大60項目程度）

変数	公正な処遇 因子1	信頼できる上司 因子2	会社の未来への確信 因子3	仕事を通じての成長 因子4	事実に基づく経営判断 因子5	革新的な社風 因子6	管理職のチームメンテナンス 因子7	キャリア自立支援 因子8	チームワーク 因子9	個々の明確な役割 因子10
評価制度運用の公正さ	0.82	0.01	-0.06	0.07	0.01	-0.01	0.00	-0.06	0.00	-0.01
メリハリのある評価	0.80	-0.03	0.03	-0.04	-0.01	0.04	-0.04	-0.01	-0.03	0.08
昇格用件の周知	0.77	0.03	-0.04	-0.03	-0.10	0.03	0.05	0.01	0.02	0.01
評価要素や基準の周知	0.69	0.12	0.02	-0.02	-0.02	-0.07	-0.06	-0.01	-0.05	0.19
昇進昇格選抜の適正さ	0.69	0.07	-0.05	0.06	0.02	-0.05	0.13	-0.02	0.02	-0.13
適ताな選抜人事の実施	0.53	0.02	0.01	0.03	0.11	-0.01	0.13	0.00	0.01	-0.11
人事処遇制度は意欲向上に有益	0.50	-0.06	0.16	0.02	0.06	0.14	-0.02	0.06	0.03	-0.09
自分の報酬額決定方式の理解	0.47	0.19	-0.02	0.06	0.04	-0.08	-0.14	-0.01	-0.01	0.14
好業績者の相応しい報酬	0.42	-0.07	0.09	-0.14	0.05	0.16	0.06	0.05	-0.03	-0.03

ディメンションのマトリクスの中に
因子を撒いて意味合いを解釈

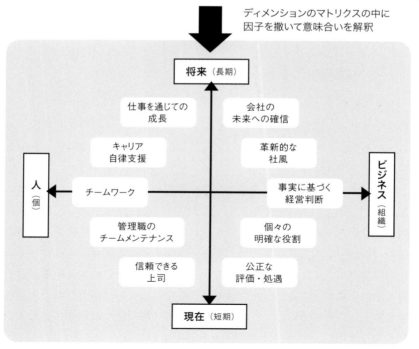

重要なのは、結果の解釈と因子のネーミング（因子名の付与）です。因子分析のアウトプットである「因子×設問項目」のマトリクスには、「各因子と各設問項目の相関」を示す数値が入ります。因子ごとにその数値が高い順に設問項目が並ぶようソートをかけることで、その因子と関係が深い順に設問項目が並び、内容の検討を行いやすくなります。どのような名前をつければその因子の意味をうまく説明できるかを考え、因子名をつけます。結果の解釈と良いネーミングのためには、設問項目を設計する際に用いたディメンションのマトリクスの空間の中に、識別された因子を撒いてみる、ということも有効です（図表9-1）。

　因子分析のもうひとつのアウトプットとして、因子得点というものが出力されます。これはいわば、回答者一人ひとりの設問項目別の回答値を、因子別に集計し直したものですが、この新たに得られた因子得点を用いてStep5の重回帰分析を行うことで、よりすっきりした分析ができます。また、次のStep7において成功へのストーリーを作る際にも、因子得点を用いて重回帰分析を行います。

（3）人や組織（部門）をマップ化する

　因子分析結果に基づいて、人や組織（部門）の特徴を一覧するマップを作成できます。図表9-2に例を示します。これは、人や部門を一望し、どの人や部門にどのような働きかけをしたらよいかという議論をするうえで有用なものです。

　これを作るためには、２因子の因子分析結果（または説明力が最も高い２因子）を用います。各軸の値は、因子分析の際に算出された因子得点を用いるのが本来ですが、わかりやすさを重視し、各因子を代表する設問項目を３項目〜５項目ずつ選んで、その平均値を各軸の得点にすることでもかまいません。また、マップ化の方法として、得点そのままを散布図化すると図の中に密集する部分ができて見にくくなるため、得点を順位に置き換えてマップ化することで、人や部門の特徴の相対的な位置関係が見えやすくなります。

図表 9-2 人と組織（部門）の特徴をマップ化

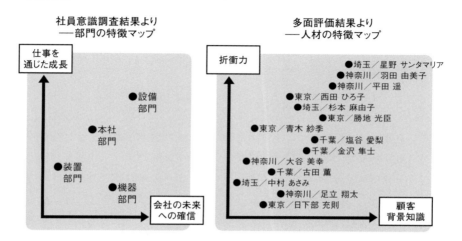

もう少し細かく分類したい場合には、４因子の因子分析結果を用い、４因子をマトリクスの４象限に配して、それぞれの象限に属する人や組織を記載する、という方法もあります。４因子の因子得点（または偏差値）のどれが一番高いかということに基づいて、どの象限に属する人や組織なのかということを決めるのです（４因子を４象限に配する場合、位置関係を決めるためには４因子の中に２つの軸を見出すことになりますが、それは因子の意味内容の解釈によります）。

あるいは、人材タイプ分けの理論として、６因子で適職タイプを診断するホランド・コード理論というものがあります。多面評価の因子分析結果からも裏づけられることが多い理論ですが、６因子の枠組みは六角形または立体模型上に図示できるとはいえ、デジタルなマップ化には適さず、実用性は薄れるでしょう。

さらに、８因子（対立軸４つの組み合わせ）で人材タイプを説明する理論として、心理学者ユングの古典的なタイプ論に基づくMBTIという性格理論および検査があります。対立軸４つとなると立体模型にもマップ化

できず、タイプを記号で示すしかありません。そうなると多くの人が参加する議論の材料としては適さなくなります。

　いずれにしても、ディメンションを集約したならば、それに基づいて人や組織をマップ化し、強みや弱み、特徴を一望できるようにすることが価値の生み方です。

（4）ディメンションの妥当性の検証

　因子分析には、調査設計時に設定したディメンションの検証という側面があることを先に述べました。第4章で述べた方法でディメンションを設定し、設問を設計するならば、回答データの因子分析結果は、通常は設問設計時に設定したディメンションとそれほど大きく異なるものにはなりません。ただ、互いに近いと思った設問項目が実際に因子分析をしてみるとそうではなかった、ということはときどき生じます。

　このような場合は、設問の文言の細部に回答が引きずられた可能性を考え、設問の文言を修正したり、設問の位置を変えたりするほうがよいかもしれません。新しい設問による調査を行うときは、初回はパイロット調査と位置づけ、そのような問題出しを行って設問の調整を行い、2回目調査以降に設問を固定させて経年比較できるようにすることが良い方法です。

　また、そのような違いが出てくることは想定内とし、設問設計時にモレダブリなく要因を洗い出すことを重視したディメンションと、結果分析時に現在の課題解決に焦点を当てるディメンションとは違うものとして割り切る、ということでも問題はありません。

　たとえば、設問設計時には「戦略策定／コミュニケーション／……」といった経営管理機能の切り口でディメンションを設定したものの、回答データを分析すると、「経営陣について／管理職について／……」と、経営管理の担い手の分類の切り口から因子が識別されることはよくあります。これは、社員の頭の中では、経営機能よりも経営管理の担い手のほうが強く意識されている、ということを示しています。そうした場合、社員にとってのわかりやすさ、および課題管理のしやすさの見地から、経営管理主体

別に課題を整理する、という割り切りでもかまいません。

（5）第5のディメンションの行方

第4章では、ディメンションをまず4つに切るとともに、それら全体に影響を与える「第5のディメンション（人であれば基本姿勢、組織であれば根本価値）」を想定すべきことを述べました。因子分析において、この第5のディメンションはどこに登場するのでしょうか。

じつは、因子分析のプロセスには、因子間の意味合いの重複が多少あっても因子を多く見出すための、「因子の斜交回転」というプロセスがあります（そのプロセスは統計ソフトが自動で遂行します）。そのプロセスを通じて、「すべての項目に均等にポジティブな影響を与える成分」はあえて消去されるに至っています。それこそが第5の軸に相当するというのが、筆者の因子分析結果の解釈の仕方です。4つの因子で説明する場合にも、それら全体に影響を与える根本価値軸がもう一本通っていることを意識します。

単に対立項の中に対象を仕分ける分析をしてマップを作る目的からは、2軸、4象限といった偶数の切り方が優れていますが、もうひとつの根本価値軸を意識することは、分析のための分析に陥らない、対立項を組み合わせて用いることで何を良くしたいのかという意思を持った結果の解釈につながります。

Step7：成功へのストーリーを作る

分析の最後のステップとして、因子と因子がどのように影響しあっているのか、そして「目的変数」の向上、ひいては組織や人の望ましい姿につながっているのか、1枚のストーリー図として表現します（**図表9-3**）。

これは調査結果全体を見渡し、何を向上させるために、何に対して施策を打ったらよいのかということを一目で見えるようにする、調査の結論ともいえる図です。この1枚の図を用いて、関係者を広く巻き込んでさまざ

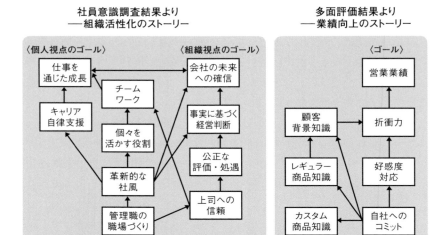

図表 9-3 成功へのストーリーを図で表現する

社員意識調査結果より
──組織活性化のストーリー

多面評価結果より
──業績向上のストーリー

まな議論をすることができます。

　ストーリー図は、形式面からは「パス図」と呼ばれます。パス図を作成するために、統計分析の専門家の間では「共分散構造分析」と呼ばれる手法が用いられます。それは、いわば因子分析と重回帰分析を同時に行う手法ですが、理論面でも手順面でもかなり複雑なため、因子分析で出力された因子得点を用いて因子間の重回帰分析を行う方法で、まずは十分です。

　やり方としてはまず、すべての因子を目的変数に、他の因子を説明変数として順繰りに、たとえば因子が8個あれば8回、重回帰分析を行います。

　次に、標準偏回帰係数が大きい因子間の関係に線を引いてパス図の体裁とし、因子の数だけ（たとえば8枚）のパス図を作ったうえで、それらを重ね合わせ、線の意味を解釈しながら合成していきます。多面評価の評価対象者別の業績データが別途得られる場合には、業績ランク等を目的変数に、因子を説明変数とする重回帰分析結果もそこに重ね合わせて、1枚の

図にまとめるとよいでしょう。

　共分散構造分析では、ここからさらに進んで、影響の連鎖も考慮に入れた線の強さの評価と、パス図全体としての説明力についての定量的な検証を行いますが、論文を書くわけでなければ、以上のような因子分析と重回帰分析を順に行うやり方を用いて1つの図にまとめるところまでで十分でしょう。Step5で行った設問項目単位での分析から見出された問題・課題、およびその要因のツリー構造とも整合性のある、説得力のあるストーリーになっていることがポイントです。

テキストデータの分析の仕方

> ✅ **Point**
>
> - 有益な声を引き出せるように設問を設ける
> - テキストデータもまず Excel で分析する
> - テキストマイニングツールも活用する
>
> この章の
> ワンポイント
> セミナー

　前章まで、選択式設問の回答データの分析について述べてきました。設問には、問題だと思うことやその改善提案を自由に述べてもらったり、選択式設問で特定の回答をした理由を述べてもらったりするなど、文章形式で自由に回答させる設問を含めることも効果的です。選択式の回答傾向の背景を探る方法としても、Step5で述べたような定量分析を通じて要因とその連鎖を探ったうえで、それを裏づけるような社員の声があがっていないかどうか、自由記述設問への回答の中から探す、ということが王道となります。

　本章は、そのような「自由記述設問」の設計および回答データ（テキストデータ）の分析方法について述べます。計量テキスト分析（テキストマイニング）手法を用いますが、ここでも、専門のツールに頼る前に、Excel を用いて分析を行うことを重視します。

自由記述設問の設計方法

（1）要望の収集でなく現状の把握

　自由記述設問は、「社員が何をどう感じているのか」について具体的な情報を得ることで、選択式回答データの定量的分析結果を裏づけるためのものとして有用であるだけでなく、具体的な要望を得ることによって今後の

施策検討のヒントとしても有用となります。

　そのことから、調査の設問としては選択式設問よりも自由記述設問をむ
しろ重視し、調査を「社員の要望を吸い上げる機会」として、積極的に活
用しようという調査姿勢がとられることもあります。しかし、そのような
調査姿勢は、調査が社員の御用聞きになってしまうリスクをはらみ、社員
を巻き込んだ調査結果の効果的活用を、かえって妨げてしまう可能性があ
ります。要望を聞けば聞くほど、社員には「要望すれば会社が対応してく
れる」という期待が生まれ、会社任せの姿勢になりやすくなると同時に、
期待したような変化がみられない場合には、かえって不満や失望が生じや
すくなるためです。事務局が組織のあらゆる問題の解決を引き受けるよう
なスタンスをとってしまった結果、毎年調査を行い、それに基づいて対策
を打っても社員の満足度が高まらず、逆に指摘が多くなるばかり、という
悪循環に陥るケースさえあります。

　よって、自由記述設問を設けるにあたっては、あくまでも「現状を把握
するため」という姿勢を保ち、経営陣、主管部門、現場の管理職、そして
社員一人ひとりが、それぞれの立場で主体的に結果を受け止めるようにす
ることが重要です。そうすることで、調査を通じた組織の活性化が期待で
きます。

（2）建設的な回答を引き出す工夫

　自由記述設問には、単なる不満の書き連ねを呼び起こすリスクもありま
す。それは回答者自身にとっても、不満を表明された組織や対象者にとっ
ても、好ましい影響をもたらさず、調査の効果性を引き下げることになっ
てしまいます。したがって、「いかに建設的な回答を引き出すか」というこ
とが重要になります。

　そのためには、まず「良い点」を聞いて、次に、より良くするためにど
うしたらよいかという見地から、「要改善点」を聞くことがポイントです。
社員意識調査の場合には、まず「当社の良い点や強みは何か」をたずね、
次に「当社がより強くなるために何が必要か」という順番で、多面評価の

場合は、「対象者の良い点や優れた点は何か」、そして「対象者により活躍してもらうために何を期待するか」という順番で設問を設けます。課題解決施策や改善アクションの王道は「強みを活かし弱みを補う」ということであり、そのような見地から、そのまま今後へのヒントとして活用できるようにします。

　また、たとえば「経営陣に伝えたいことを自由にお書きください」といった形で１つの設問にまとめてしまうことは、分析の技術的な観点からも避けたほうがいいのです。後述するテキストマイニング（計量テキスト分析）は、文章中の単語の出現数を数えることにより、その回答が「何について」語っているのか、ということを浮かび上がらせる分析です。しかし、それがポジティブな文脈で語られているのか、ネガティブな文脈で語られているのかを機械的に判別することは難しく、それがはっきりしない回答では解釈・活用ができません。そのため、ポジティブな（良い）側面を聞く設問と、ネガティブな（改善を期待する）側面を聞く設問とは、別にしておくほうがいいのです。

（3）分析を容易にする定型化の手法

　完全な自由記述回答のかわりに、「定型自由文形式」という、空欄を埋めてもらう設問形式があります。たとえば、「当社のあるべき姿は、（　　　）で（　　　）で（　　　）であるのに対し、当社の現状の姿は（　　　）で（　　　）で（　　　）である」といった文章の空欄に単語を入れてもらうのです。あらかじめ回答が単語に分解されているため定量的な処理が容易になり、あるべき姿と現状とを対比させる問題分析も容易です。ただし、完全な自由記述回答から得られる「経営陣／対象者への手紙」としての生き生きとしたニュアンスが失われるデメリットはあります。

　あるいは、あらかじめテーマを与えたうえで、自由記述回答を記入させる形式もあります。すなわち、顧客対応／商品開発／オペレーション／職場環境／コミュニケーション／働き方／評価と処遇／人材育成など、テーマの分類を設定しておき、テーマを選択してから回答を記入してもらうこ

とにするのです。この方式であれば、単純な集計だけによっても、何について語られているのかという傾向を把握できます。ただし、すべてのテーマに対して回答を求めるよう誘導することになってしまい、回答者の負担が大きくなったり、指摘があったことに対して事務局として何らかの対応をする責任を負うリスクが高まったりするデメリットがあります。

　以上から、良い点と要改善点のそれぞれについて、思いついたことをそのまま文章で書いていただき、あとからその内容を分析するほうが、社員の考えの把握と振り返りにつながりやすいというのが本書の立場です。

（4）回答理由を聞くことの是非

　選択式設問ごとに、選択した理由を記入できる自由記述欄を設けておくことで、回答傾向の背景を設問ごとに直接調べることができます。ただし、回答理由の記入を必須にすると回答の負担が極端に大きくなってしまい、必須にしないとわざわざ記入する人が少なくなり、適切なサンプルにならないという難点があります。

　そこで、否定的な回答の場合に限って回答理由の記載を求める方法もありますが、そうすると今度は、否定的な回答をしないように誘導することになってしまい、それにも難点があります。

　以上から、回答理由を聞くとすれば、特に重点的に分析したい一部の限られた設問にとどめるべきでしょう。

自由記述回答の分析方法

（1）まずは全回答に目を通す

　さて、得られた自由記述回答を分析しましょう。ここでまず重要なことは、分析の前に、回答テキストの文章をそのままの形ですべて読むことです。文章での回答を求めた以上、いきなりそれを単語に分解したりせず、まず文章そのものに目を通すことは、回答者に対する礼儀であり、そのよ

分析編

うな姿勢を保ってはじめて、調査の主催者と回答者との間に信頼関係が成立するといえます（ただし、回答を依頼する際に「回答は、自由記述回答も含めてすべて統計的に処理し、個別の回答がそのまま情報として用いられることはありません」と明示した場合にはその限りではありません）。

　そして実際、自由記述回答の生の文章は、組織メンバーの想いが込められた貴重な情報であるといえます。そこから伝わってくる人や組織の状況のイメージを頭に入れておくことは、選択式設問から得られた定量データの解釈にあたっても生きてきます。

　それでも、回答が数千件を超えると、全回答に目を通すことは大変な負担となります。結果として全体に目を通すことができないと、全体傾向の理解が少数意見に引きずられたり、自由記述回答の中から有益な意見を取り出すにあたっても客観性が保てず、恣意的に都合のよい意見を取り出すことになったりする問題が出てきます。また、生の回答テキストは玉石混交かつ内容重複が多いことも事実であり、特に経営陣が時間を費やして読むものとしては最善のものではありません。

　そこで、テキストマイニング（定量テキスト分析）手法を用いて、情報を圧縮する工夫が必要になってきます。回答の全体像を定量的・客観的に把握したうえで、個別具体的な内容については回答の本文を読んで精査するという流れをつくります。

（2）テキストマイニングの基本

　テキストマイニングでは、単語の出現頻度に基づいてテキストデータを分析します。一つひとつの文章（パラグラフ）に、あらかじめ取り出しておいた頻出語・重要語が含まれているか（イチ）／含まれていないか（ゼロ）のフラグを立てる、**図表10-1**のような形式の表を準備することが、テキストマイニングの基本であり土台です。これによって、自由記述回答の内容を定量的に把握することができます。

　図表10-1の例であれば、「評価」または「考課」という単語が含まれている回答が全体で41件あり、回答者の5％が言及していることがわかりま

図表 10-1 簡単なテキストマイニング

			全体	働き方	評価	育成
				フレックス 時短 在宅 コアタイム	評価 考課	育成 研修 能力 スキル
		回答率：	44%	4%	5%	3%
		回答数：	358	31	41	22
性別	部門	会社をより良くするために何が必要か				
男	企画	異動の希望を出せるような仕組みが必要。	1	0	0	0
男	営業	業務効率化のための施策を考えてほしい。	1	0	0	0
男	営業	フレックスにしてください。	1	1	0	0
男	企画	目標以外の部分の過程も評価してもらいたい。	1	0	1	0
女	営業		0	0	0	0

これらの単語が含まれる回答に
フラグを立てて集計

分析編

す。いったんこのように数表化することで、どのような分野への言及が多いかという傾向を1枚のグラフで把握することができます。さらに、男女別や年齢層別、部門別など、属性別の回答傾向もわかります。ここまではExcelで十分に対応できますが、これも立派なテキストマイニングツールといえます。

　自由記述回答をこのような表に整理しておくことで、テキスト本文に目を通す際にも、単に順番に読んでいくのではなく、気になるコメントがあれば同じ分野に言及する他のコメントに範囲を広げて目を通す等、効率的な読み方ができます。あるいは、「実名を伴う告発や誹謗中傷」など、そのままのフィードバックに適さない回答の有無をチェックするのにも使えます。たとえば、「パワハラ」、「○○さん」といった単語で検索することで、個人名を挙げての告発が含まれていないかどうかをチェックできます。

（3）本格的なツールの活用

　本格的なテキストマイニングツールも、基本的な原理は変わりません。文章全体を単語に分解し、それぞれの単語の出現数をカウントするとともに、ある単語とある単語が同じ文章（パラグラフ）中に出現する度合いを分析することで、文章の意味内容を定量的に分析します。

図表 10-2 本格的なテキストマイニング

対応分析
部門毎の特徴語の傾向を
2軸の空間にマップ化

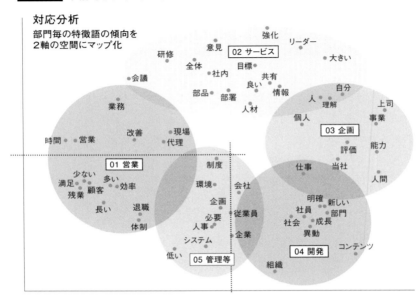

共起ネットワーク
頻出語とそれらの間の
関係をマップ化

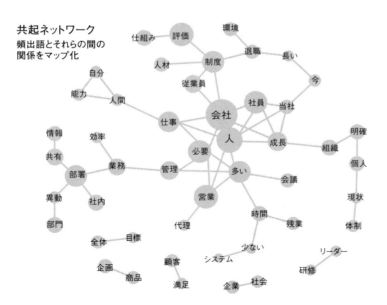

　日本語テキストの本格的なテキストマイニングツールとして、「KH Coder」という、樋口耕一氏が開発した定番のフリーソフトウェアがあり、誰でも特別な専門知識なしに活用することができます。さまざまな分析機能がありますが、特に「対応分析」や「共起ネットワーク」は効果的で、頻出単語が登場する文脈や頻出単語どうしの関係をマップ化し、回答の全体傾向を図示できます。**図表10-2**は、KH Coder を用いて「会社をより良くするための社員の考え」をマップ化したものです。これらを全体地図として、あとはそれに沿って具体的な回答例を拾い上げていく手順をとることで、自由記述回答の扱いを客観化でき、恣意的に一部の回答にのみ焦点を当ててしまうことを避けることができます。

分析編

（4）テキストマイニングと数値データ分析の本質は同じ

　先に述べたように、**図表10-1**のような形式の表がテキストマイニングの土台ですが、それはすなわち、文章が1000パラグラフ、計測したい頻出語や重要度が100語あるとすると、そのテキストデータは、1000行 × 100列の、一つひとつのセルにイチかゼロかの値が入るマトリクスとして表現できることを意味します。そうすると、数値回答データと同じように、「平均点（その単語が含まれている割合）」や「ある単語とある単語の間の相関係数」を計算することもできますし、「目的変数に対する特定の単語の影響力を調べる重回帰分析」や、「多くの単語を少数のグループに集約する因子分析」も実施できることになります。テキストマイニング（計量テキスト分析）とは、分析対象は文章であっても、分析手法としては、数値を分析するのと同じ統計分析にほかなりません。そのことを踏まえることで、テキストマイニング手法が何を行っているのかということが、理解しやすくなります。

（5）分析結果のまとめ方

　自由記述回答の分析結果は、テキストマイニングツールを用いて全体像をわかりやすく示したうえで、その全体像に沿った形で実際の回答テキス

トをテーマ別に分類し、並び替えて示すことが最善の方法です。用いるテキストマイニングツールは、簡単なツールでも、本格的なツールでもかまいません。

　回答テキストを分類する手段として、本格的なテキストマイニングツールの「クラスター分析」を使って、似た回答どうしを自動的にグルーピングする方法もあります。ただし、適切に分類するためには、不要語の削除や同義語の統合といった分析用テキストの下準備に、意外と手間がかかることには注意が必要です。

　なお、因子分析と同じく、まとめたグループに名前やコンセプトを与えていく概念思考スキルが、ここでも有用です。

フィードバック編

　社員意識調査や多面評価は、その結果を経営陣や管理職や対象者にフィードバックし、それが効果的なアクションにつながったことを確認してはじめて完結します。

　行動変化につなげるために、知・情・意の3つの側面からしっかりとフィードバックするやり方を、組織運営の中に根づかせましょう。

第11章

効果的なフィードバックの仕方
（多面評価）

- 視点の転回を通じて結果を受け入れてもらう
- 強み／弱みの理解から方向性を定めてもらう
- 個人の取り組みを組織のそれに高めてもらう

この章の
ワンポイント
セミナー

多面評価結果の効果的なフィードバックの原則

　前章まで、調査結果データの集計・分析について述べてきました。本章では、その結果の「フィードバック」について述べます。効果的なフィードバックの原則は、社員意識調査と多面評価で大きく異なるものではありません。さらに、社員意識調査結果と多面評価結果を組み合わせて同時にフィードバックすることで、効果を高める方法もあります。

　ただし、多面評価結果のフィードバックは、フィードバックを受ける準備ができているとは限らない個々人が対象となるため、必要とされる配慮の度合いも高くなります。そこで今回は、主に多面評価のフィードバックを念頭に述べ、次回に社員意識調査固有のポイントについて補足します。

　多面評価結果の効果的なフィードバックの原則は、受け手が次の3つのステップでフィードバックを受け入れられるよう支援することです。

Step1：回答結果という事実を心から受け入れる

Step2：課題に優先順位をつける

Step3：お互いに連携して取り組む

　そこでは、「知の側面（結果の理解のしやすさ）」だけでなく、「情の側面（感情面での受け入れやすさ）」や「意の側面（それに基づく意思決定や取り

組みのしやすさ）」にも配慮する必要があります。

回答結果という事実を心から受け入れる支援（Step1）

　ここで「心から」というのは、「本心から、全面的に」という意味です。そのポイントは、自分の姿をイメージするにあたり、「自分の思い込みや希望的観測に基づく姿」から「他者やメンバーに見えている姿」へと、視点をコペルニクス的に転回させることにあります。そのような視点の転回は、まず対象者に調査結果を「事実」として受け入れてもらうことから始まります。事実というのは、「こう質問したらこういう回答が得られた」という「回答事実」のことです。

　それが客観的な真実を表しているかどうかは、あえて問いません。私たちは、たとえば「全項目にわたって５点満点中１点」という結果を示されたりすると、「この結果は真実を表していない」、「感情的に回答がなされたのではないか」等々と考え、受け入れを拒否したくなるものです。実際、回答者である職場メンバーに何らかの強い不満があって、それが回答に反映されたのかもしれません。

　しかしその場合にも、「全項目にわたって１点がつけられた」ということ自体は事実なのです。受け手がその事実を淡々と受け入れ、「なぜだろう」と考えるように導くのです。それによって、「この結果は真実である／真実でない」という不毛のループに陥ることを避けることができます。また、回答事実を「客観的な真実」と想定することから生じがちな、調査結果を過度に深刻に受け止めたり、逆に信頼できないとして無視したりといった、非生産的な反応を避けることができます。

　言い換えれば、あくまでも回答者の目に映った「主観事実」に関心を向けるということです。そして実際、組織運営において重要なのは、組織メンバーにとっての主観事実なのです。私たちは、「自分で認識する自分の姿」と「周囲の人の目に映る自分の姿」との間のギャップをうすうす感じながら、それを直視することをおそれ、多少なりとも美化された「主観的自

己像」の中に閉じこもってしまう傾向があります。たしかに、周囲の人の目に映る自分の姿も周囲の人の主観にすぎないのであり、そうであれば、「自分のことは自分が一番よくわかっており、自分の主観的自己像が正しい」と考えることにも理由はあります。

　しかし、組織の視点からは、「（自分が）周囲の人にどう見えているか」という事実こそがより重要だといえます。「周囲の人」を「顧客」と言い換えれば、このことについての納得は得られるでしょう。どんなにすばらしいサービスを提供していても、顧客がそう受け取っていなければ無意味であるのと同様に、どんなにすばらしいマネジメントをしていても、部下がそう受け取っていなければ無意味なのです。

　対象者に回答事実を受け入れていただくためには、調査結果はできるだけ抽象化せず、「〇〇という文言の設問の〇〇という選択肢に回答した人は〇〇人」という生データに焦点を当てるほうがよいといえます。そのため、「リーダーシップ」「部下育成」……といった抽象的なカテゴリにまとめて集計した結果よりも、個別の設問ごとの結果を重視し、5点満点の平均点にまとめたものよりも「回答選択肢ごとに何人が選択したのか」を重視します。

　ただし、平均点であれば、その意味合いはほとんどの人が無理なく理解でき、さまざまな比較検討にもなじむため、実務上は設問ごとに回答の「平均点」および「回答のバラツキの幅」を示すことでもかまわないでしょう。回答のバラツキの幅は、指標化した「標準偏差」で示してもよいのですが、よりわかりやすい「最大値と最小値」を示すほうが、「この項目の他者評価の平均点は3.3点だが、1点をつけた人も誰か1人はいる」、「そう感じている人がいるのはなぜか」といった具体的な検討を導きやすくなるため、よいといえます。

■ 課題に優先順位をつける支援（Step2）

　回答事実を受け入れ、自己像も更新され、取り組むべき課題のイメージ

が浮かび上がってきても、課題を具体的にリストアップし、優先順位をつけて、「最初に取り組むべき課題はこれ」ということを明確にしないかぎり、積極的な取り組みは始まりません。そこで、データによって課題の優先順位づけを誘導します。

　ポイントは、さまざまな比較対象や基準値との「差」を検討し、差が大きな設問項目を優先課題の候補としながら絞り込んでいくことです。先述したように問題・課題とは「あるべき姿と現状との差」ですが、「あるべき姿」というのは必ずしも直ちに1つには定まらないため、さまざまな観点から差を検討する必要があるのです。

　多面評価の結果であれば、次の①〜⑤を並べて検討できるようにします。

①基準値との差

　たとえば5点満点中の3点を「少なくてもこうありたい」基準値と見なすことができ、それよりも低ければ、問題・課題である可能性が高いといえます。

②対象者の全体平均との差（できれば単純な差でなく「偏差値」を見ることがベスト）

　「自身の他者評価平均」が「対象者全体の他者評価平均」よりも目立って低ければ、当然その項目は、組織内の他の対象者と比べてできていない、すなわち自身の弱みである可能性が高いといえます。

③自他の認識の差

　「自己評価」よりも「他者評価」のほうが目立って低ければ、自身で気づいていない問題がそこにある可能性があります。逆に、「他者評価」よりも「自己評価」のほうが目立って低ければ、周囲から見れば特に問題ではないことに自身ではこだわっている可能性があります。どちらも問題・課題の候補といえます。

④上位者と下位者の認識の差

　「上位者評価」よりも「下位者評価」のほうが目立って低ければ、部下のサポートに問題が生じている可能性があります。逆に「下位者評価」よりも「上位者評価」のほうが目立って低ければ、経営側からの期待に応えて

フィードバック編

117

図表 11-1 フィードバック用数表・グラフの基本形

基本姿勢	【組織コミット】	自分や自部門の利益よりも顧客や会社全体の利益を常に優先している
	【前向き姿勢】	常に物事を前向きにとらえる姿勢を示している
	【向上姿勢】	サービス向上に向けて断固とした姿勢で指揮・指導をしている
方針設定	【目標設定】	組織としての目標・方針や優先順位を明確に示している
	【先読み】	先を見て問題を予測し、回避するための手を打っている
	【費用対効果】	費用対効果を考えて効果の最も高い方策をとっている
	【決断】	決断すべきところで、先送りせずに明快な決断を示している
	【顧客志向】	顧客の視点に立ち、よりニーズを満たす方法を追求している
	【専門性】	分野の知識と経験に基づく専門的なアドバイスを提供している
業務管理	【現状把握】	自分の担当部門の業績状況をしっかりとモニターしている
	【現場主義】	現場の状況や変化を自ら歩きまわって把握している
	【原因洞察】	問題の根本原因をつかみ、説得力ある解決策を示している
	【問題特定】	効果的な質問を行い、問題の本質を把握している
	【問題分析】	複雑な問題や状況を解きほぐして、解決可能な形にしている
	【状況対応】	状況の変化に合わせて、戦術や行動を柔軟に調整している

いないか、アピールできていない可能性があります。いずれにしても「上位者」と「下位者」の見方が大きく異なる項目は、問題・課題の候補といえます。

⑤その他、回答者の間での認識の差（回答のバラツキ）

　回答のバラツキが大きい（標準偏差が大きい、または最大値と最大値の幅が大きい）場合には評価のバラツキが大きい、いわば毀誉褒貶（きよほうへん）が激しいことを意味し、これも問題・課題の候補といえます。

　これらの差の検討を促すために、フィードバックレポートでは数表だけでなく、折れ線グラフでデータを示したり、差の大きさやそのランキングを付記したりすることが望ましいでしょう。このようにすれば、複数の軸で差の大きい項目が浮かび上がってきます。

自己評価		他者評価平均		他者評価平均 （部下のみ）		他者評価平均 （上司・同僚のみ）	
点数	偏差値順 （上位と下位）	点数	偏差値順 （上位と下位）	点数	偏差値順 （上位と下位）	点数	偏差値順 （上位と下位）
5.0		5.0	1位	5.0	2位	5.0	1位
4.0		5.0	2位	5.0	3位	5.0	
5.0		4.7	4位	4.7	4位	4.8	
5.0	2位	4.3		4.0	▲4位	4.5	
4.0		4.6		4.3		4.8	
5.0	1位	4.4		4.3		4.5	
4.0		4.5		4.3		4.7	2位
4.0		4.1		4.3		4.0	▲5位
4.0	▲4位	4.7		4.3		5.0	3位
3.0	▲2位	4.6		4.3		4.8	
4.0		3.9	▲1位	4.0	▲1位	3.8	
5.0	3位	4.6		4.3		4.8	
5.0		4.6		4.3		4.8	
4.0		4.3		4.0	▲3位	4.5	
3.0	▲1位	4.9		5.0	1位	4.8	

3 どちらとも言えない　4 どちらかといえばそうである　5 全くその通りである

凡例：他者評価平均／他者評価の最小値／他者評価の最大値

フィードバック編

　取り組むべき優先課題の特定に向けては、まず主軸として「他者から見ての強み順」に項目を並べるようにします。強みの順位付けの判断基準は、単純な「点数の高い順」よりも「対象者全体平均との差が大きい順」のほうがよく、さらにできれば、「偏差値順」がベストです。

　単純に「点数の高い順」に設問項目を並び変えて「強み／弱み」を判定したとすると、大半の人が「誠実な姿勢が強みで創造性が弱み」というような判定になってしまいがちで、それは全員共通の傾向として言えることであったとしても、組織の中で自らの適性に合った役割を遂行できるように導くための「強み／弱み」を示すリストとしては使えません。

　また、「対象者全体平均との差が大きい順」に設問項目を並べることでも、組織の中における自分の「強み／弱み」を示すリストになりますが、

回答のバラツキが大きくなりがちな項目ほど順位の高低が強調されてしまい、特に「最も強みとなっている3項目」および「最も弱みとなっている3項目」に絞って着目するような場合には、やはり本来着目すべき項目と少しずれてしまいがちです。そこで、「偏差値順」が最も適切なのです。

　以上の原則を踏まえてデータを示すイメージを、**図表11-1**に示します。

　そうして、優先課題項目がみえてきたならば、課題解決に向けて、今度はデータによって行動変化の方向性を導きます。対症療法的な解決策に陥らないよう、優先課題項目だけでなく全項目を眺め回したうえで、力の入れ方や時間の使い方の調整を促します。

　行動変化の原則は、「強みを活かすことで弱みを補う」です。たとえば、「積極的助言」が強みである一方、「傾聴」が弱みなのであれば、単に「傾聴する」という行動変化を考えるのではなく、強みである「積極的助言」を活かして、「相手が本当に助言を欲しがっていることを会話の中から聞き分ける」という行動変化を考えます。それによって、弱みであった「傾聴」の姿勢が自ずと出てくることも期待できます。

　フィードバックレポート上においても、設問項目を「強み順」に並べて示したり、「最も強みとなっている3項目」および「最も弱みとなっている3項目」に印をつけて示したりすることで、強みを活かすことで弱みを補うイメージの形成を促します。そして、それに続けて、周囲の人から対象者に向けて書かれた「自由記述回答」を掲載し、記述内容から行動変化に向けた具体的なヒントを得られるようにします。自由記述回答を「良い点・優れた点」と「改善が期待される点」の2つに分ける意味が、ここで出てきます。

　さらに進んで、「強み順」を主軸としつつ、他の軸を組み合わせた2軸のマトリクスの中で各設問項目の位置づけを示すことによって、より効果的に優先課題を特定したり、行動変化の方向性を導いたりすることができます。多面評価フィードバックにおいて、特に有効なマトリクスは、「他者評価による強み順」と「自己評価による強み順」を組み合わせたマトリクスです。その4つの象限は、「自他共に認める強み／自他共に認める弱み／

図表 11-2 優先課題と行動変化方向性検討のガイド

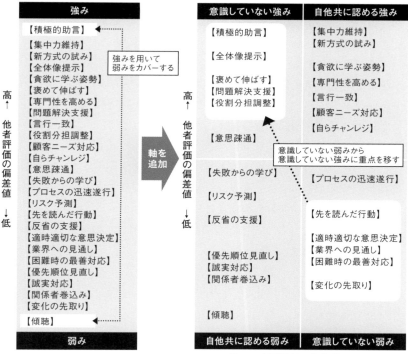

意識していない強み／意識していない弱み」と意味づけることができ、そうした意味のフィルターを通すことで「強みを活かすことで弱みを補う」行動変化の方向性がよりよく見えてきます。そのイメージを**図表11-2**に示します（なお本図においては、自己評価による強み順を上位半分と下位半分の２グループに要約）。

　図表11-2のケースでは、意識していない弱みには「変化をリードすること」に関わる項目が多く、意識していない強みには「メンバーを支援し動機づけること」に関わる項目が多くなっています。そこから、この対象者が、多くの優れた同僚がいる中で自らの特徴を活かし、自身を差別化す

る道は、「変化をリードすることにこだわる道」ではなく、「助言者として支援的に組織貢献する道」ではないか、そして、その道を効果的に歩むためには、傾聴姿勢を改善することが鍵ではないか、という方向性を見出すことができます。

このマトリクスは、組織の中での自らの歩みの方向性を見出すための羅針盤ともいえます。

お互いに連携して取り組む支援（Step3）

フィードバックを通じて、本人が取り組むべき課題が見え、行動変化の方向性が見えたとしても、実際の行動変化に、そして本人や組織の活性化につながらなければ何にもなりません。そのためには、「個人の認識」を、組織メンバー間で共有することを通じて「組織としての認識」に高めていくことが効果的です。

自分の認識をお互いに口に出したり、それに対して意見をもらったりすることで、連携が生まれます。自分の行動とその結果に対する責任意識が強化されるとともに、お互いにお互いの課題や行動変化の方向性を気にかけ、チェックしあったり支援しあったりする関係が生まれ、個人の取り組みがチームや組織の取り組みへと高められるのです。そのために、フィードバックにおいては、個々人が自分のフィードバックレポートを検討して終わりにするのではなく、認識した事実、問題や課題、そして今後の行動変化の方向性を、組織メンバー間で共有するための場を設けることが効果的です。具体的には、自分の結果を振り返るとともに同僚たちと話し合うための、計1時間半～3時間程度のフィードバックセッションの場を設けることが理想です。

その時間を設けることが難しい場合でも、管理職へのフィードバックであれば、「貴重情報を提供してくれたことへの感謝」を組織メンバーに表明することを、フィードバックを受けた管理職の最低限の義務とするのがよいでしょう。できれば、フィードバックを受けることで気づきを得た自

らの問題・課題と今後の行動変化の意思をメンバーに公表し、意見と支援を求めるよう推奨したいところです。これが定着すると、なかには、自分へのフィードバックレポートをそのまま部下メンバーに公開し、メンバーの意見を求め、自らのマネージャーとしてのパフォーマンス改善に大いに活用する管理職すら現れたりします。

　多面観察と社員意識調査をマネジメント改善の原動力として用いていることで名高いGoogle社では、マネージャーに対して、自分の多面評価結果をチームメンバーに公表することを、義務づけはしないものの推奨し、またマネージャーがそうしたかどうかを社員意識調査の中で社員に問うことで、結果的にマネージャーのほとんどが自分の多面評価結果をチームのメンバーに公表しており、それがマネジメント改善の原動力になっているといいます。

　なお、このような多面評価を通じた組織メンバーどうしの連携を導くためには、前提条件として、「多面評価結果を人事考課・処遇決定のために直接用いることはない」とすることが重要です。人事考課・処遇決定に用いるものとすると、「次回の昇進が想定される人には周囲も配慮しているのではないか」等、回答の率直さ・正直さへの疑問が生じ、データに基づく率直なコミュニケーションが阻害されてしまうためです。

　ただ、他のあらゆる情報と同じく、人事の参考情報の1つにはなり得ることまで否定する必要はありません。多面評価が組織の中に定着し、そのデータの特性や信頼性についての共通認識ができあがってくる中で、おのずから、人事の参考情報としての多面評価結果の重要性は高まり、人事考課・処遇決定への影響力も高まるものです。また、回数を重ねてデータを経年的に積み重ねることによって、データの信頼性も高まります。そのためにも、データの経年的蓄積を積極的に試みるべきでしょう。

第12章

効果的なフィードバックの仕方
（社員意識調査）

✓Point

- ここでも項目を並び替えて優先課題を特定する
- 行動を後押しする仕掛け作りを工夫する
- 相反する文化を超える仕掛けを意識する

この章の
ワンポイント
セミナー

▎社員意識調査フィードバックを組織開発に活かす

　社員意識調査のフィードバック先は、経営陣、部門長・管理職、そして一般社員とに分かれます。最初に経営陣が全社的な集計・分析結果に基づいて話し合い、社内に対して、結果のサマリーとともに今後の取り組みの方向性をアナウンスします。近年は、社内だけではなく株主や社会に対しても、CSR（企業の社会的責任）レポートを通じて結果のサマリーを公表する例が多くなっています。各部門では、部門別の結果について振り返ります。まず部門の管理職どうしで話し合い、その結果を各管理職が職場に持ち帰って、メンバーと共有する形がよいでしょう。

　社員意識調査結果のフィードバックをいかに組織開発につなげるか、ということについては、長年確立している原則があります。じつに40年以上前になる1977年に、組織コンサルティングの往年の大家として名高いデイヴィッド・ナドラーが『Feedback and Organization Development: Using Data-Based Methods（フィードバックと組織開発：データに基づく方法の活用）』という書籍を著し（邦訳版はなし）、その中で、フィードバックが踏まえるべき原則をリストアップしています。

　ナドラーは、有効なフィードバックは「まず受け手の中にエネルギーを

創り出し」、「それを課題解決のために用いさせ」、「最終的に具体的な行動に落とし込ませる」ものであるとしています。そして、そのためにフィードバック内容が満たすべき基準として、①組織の課題と関連している、②解釈が容易である、③現実を表現している、④妥当で正確である、⑤情報過剰でない、⑥手を打つことが可能である、⑦比較が可能である、⑧検討の出発点となる、の8つをあげています。またナドラーは、職場メンバーの意識調査結果のフィードバックを受けるマネージャーの心理には、「不安」、「防御」、「恐怖」、「希望」の4つの感情が入り混じると喝破し、フィードバックミーティングの機会を設ける中で、それらの感情に対応することが望ましいとしています。

　これらの原則は、いまでもほぼそのまま通用するものとして、組織開発の専門家によって引用されており、私たちもこれらをチェックリストとして用いるのがよいでしょう。

優先課題の抽出の仕方─多面評価との相違

　社員意識調査結果から優先課題を抽出し、取り組みの方向性を導くためのデータの検討の仕方としては、多面評価と同じく、「基準値との差（点数の高低）」、「部門別平均や属性別平均と全体平均との差（できれば偏差値）」の検討を中心としつつ、多面評価で検討した「自他の認識の差」、「上位者と下位者の認識の差」に相当するものとして、「管理職層と一般社員の認識の差」を検討するのがよいでしょう。つまり、「管理職が気づいていない一般社員の認識」に注意を向けるのです。

　ここでも、全設問項目を「強み順」に並び替えて、取り組むべき優先課題項目を識別します。強み順は、多面評価と同様に、まず「点数の高低順」、次に「全体平均との点数差順（できれば偏差値順）」によって見ます。

　多面評価では、「全対象者中での一人ひとりの相対的な強み／弱みの把握」が重要であるため、「全体平均との点数差順（できれば偏差値順）」を最初から重視しますが、社員意識調査ではまず「点数の高低順」を中心に見

ることでよいでしょう。特に、全体平均を検討する際には、基準とすべき比較対象がそもそもないため、「点数の高低順」で見るしかありません。「同業界他社平均」を基準（ベンチマーク）とし、それと比較して強み／弱みを判断すべき、という考え方もありますが、仮に比較可能なデータが得られたとしても、同業界他社平均を過度に意識するのは得策とはいえません。他社と比較しても、採用で完全に競合するなど同じ人材市場の中にあるのでもないかぎり、直接的な意味を持たないためであり、そして何よりも、比較対象のことを具体的にイメージできない場合には、比較結果からも漠然とした認識しか得られず、変革への力は得られにくいためです。

　取り組むべき優先課題を絞り込み、取り組みの方向性を見出すためには、「強み順」とは別の軸をさらに加えて、マトリクスの形に整理してみることが効果的です。図表12-1に、よく用いるマトリクスとそれを用いた検討例を4つ示します。

　このようにマトリクスの形に整理したうえで、下方に位置する（低い）項目に焦点を当てつつ、左右の位置づけも見ながら、ときには上方に位置する（高い）項目とも対比させながら、そのような位置関係となっている背景や意味を解釈し、取り組むべき優先課題を識別します。

　なお、2軸の中に設問項目を位置づけるにあたっては、項目間を並び替えたときの「順序」を表現するのではなく、「点数そのもの」に基づいて散布図を作成するほうが、情報の精度という見地からはよいという考え方もあります。しかし、項目間の相対的な位置関係を把握して優先順位を判断するという目的のためには、順序情報で十分といえます。また、「点数そのもの」で図を作成した場合には、項目が密集して判別できない部分が不可避的に生じて検討用図表としては適さなくなるため、「順序」に基づいて作成するほうが実用上優れているともいえます。

効果的な施策や行動への落とし込み方

　組織や集団における行動変化の導き方については、興味深い法則が研究

図表 12-1 優先課題を抽出するためのマトリクス

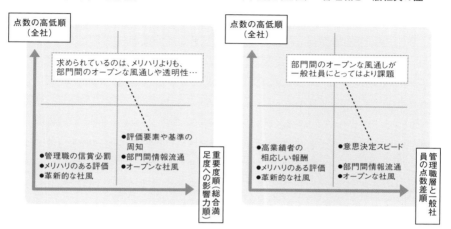

(1) 高低（全社）× 重要度

点数の高低順
（全社）

求められているのは、メリハリよりも、
部門間のオープンな風通しや透明性…

●評価要素や基準の
　周知
●部門間情報流通
●オープンな社風

●管理職の信賞必罰
●メリハリのある評価
●革新的な社風

重要度順（総合満足度への影響力順）

(3) 高低（全社）× 管理職と一般社員の差

点数の高低順
（全社）

部門間のオープンな風通しが
一般社員にとってはより課題

●意思決定スピード

●部門間情報流通
●オープンな社風

●高業績者の
　相応しい報酬
●メリハリのある評価
●革新的な社風

管理職層と一般社員の点数差順

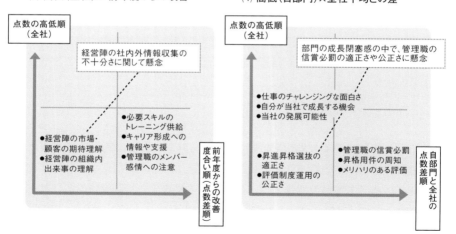

(2) 高低（全社）× 前年度からの改善

点数の高低順
（全社）

経営陣の社内外情報収集の
不十分さに関して懸念

●必要スキルの
　トレーニング供給
●キャリア形成への
　情報や支援
●管理職のメンバー
　感情への注意

●経営陣の市場・
　顧客の期待理解
●経営陣の組織内
　出来事の理解

前年度からの改善度合い順（点数差順）

(4) 高低（自部門）×全社平均との差

点数の高低順
（全社）

部門の成長閉塞感の中で、管理職の
信賞必罰の適正さや公正さに懸念

●仕事のチャレンジングな面白さ
●自分が当社で成長する機会
●当社の発展可能性

●管理職の信賞必罰
●昇格用件の周知
●メリハリのある評価

●昇進昇格選抜の
　適正さ
●評価制度運用の
　公正さ

自部門と全社の点数差順

（注）図中（1）のマトリクスの、「重要度順（総合満足度への影響力順）」は、第8章で論じた、「総合満足度が高いグループと低いグループで分けて集計して結果を比較して差が大きい順」、または、「総合満足度を目的変数として他の項目を説明変数とする重回帰分析を行って標準偏回帰係数が大きい順」で見ます。

フィードバック編

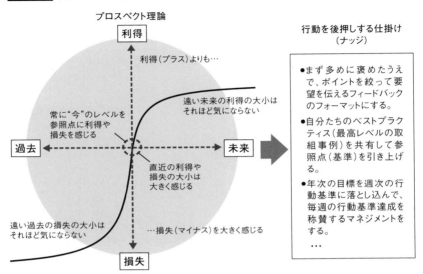

図表 12-2 「行動経済学」の法則の活用

プロスペクト理論

利得

利得（プラス）よりも…

遠い未来の利得の大小は
それほど気にならない

常に"今"のレベルを
参照点に利得や
損失を感じる

過去 ← → **未来**

直近の利得や
損失の大小は
大きく感じる

遠い過去の損失の大小は
それほど気にならない

…損失（マイナス）を大きく感じる

損失

行動を後押しする仕掛け
（ナッジ）

- まず多めに褒めたうえ
で、ポイントを絞って要
望を伝えるフィードバック
のフォーマットにする。
- 自分たちのベストプラク
ティス（最高レベルの取
組事例）を共有して参
照点（基準）を引き上げ
る。
- 年次の目標を週次の行
動基準に落とし込んで、
毎週の行動基準達成を
称賛するマネジメントを
する。
　…

されており、それらの積極的活用を組織メンバーとともに考えることも効果的でしょう。ここでは、「行動経済学」および「組織文化変革」の法則を取り上げます。

（1）「行動経済学」の法則の活用

近年、人間の認知、判断や行動の「バイアス」や「くせ」を理論化する、行動経済学という分野が注目を集めており、フィードバックから行動変化を導くにあたっての大きなヒントを与えてくれます。行動経済学の代表的な理論として「プロスペクト理論」というものがあり、それは**図表12-2**に示すような曲線で表されます。この曲線は次のことを意味します。

・自分のその時点の認識（参照点）から相対的にみて価値を判断する。
・プラスの価値とマイナスの価値とでは、マイナスのほうが大きく感じられる。

・直近の価値と長期的な価値とでは、直近の価値のほうが大きく感じられる。

　ここからは、たとえば、長期的な視点で褒める（プラスを指摘する）よりも、最近のことで要改善点を指摘する（マイナスを指摘する）ほうが心理的インパクトが大きい、ということが導き出されます。つまり、部下が上司に対してコメントをする場合、「この上司についていくことで自分も成長しようと思います」という長期的・プラスの指摘と、「上司からこれこれの言われ方をされるとは思いもよらず、ショックを受けました」という短期的・マイナスの指摘とでは、後者の心理的インパクトのほうが大きいということです。

　この知見から、相手の自信やモチベーションを保ちながら「痛い指摘」をも効果的に響かせるためには、まず多めに褒めることで相手にとっての参照点となる自己像を上方向にもっていき、相手にとっての心理的な安全領域を確保したうえで、要改善点を少し指摘することが効果的、ということが導かれます。要は、「多めに上げて少し落とす」ということです。

　「自由記述回答を記入してもらうフォーマットは、まず良い点を聞いて、その次に、さらに良くするための要改善点を聞く形にするのがよい」ということを第10章で述べましたが、それもこの行動経済学の知見から導き出されます。最近、日常業務の中で他の人に関わる出来事が何かある都度、すぐに褒めたり、感謝の意を伝えたり、あるいや率直なフィードバックを求めたりすることを支援するグループウェアがみられますが、それも、この法則を活用する仕組みの例といえるかもしれません。

　行動経済学の法則を活用した、行動を後押しするちょっとした仕掛けのことを「ナッジ（肘でつついて促すもの）」と呼びますが、ここで取り上げた自由記述回答のフォーマットやグループウェアの例も、ナッジの一種といってよいと考えます。

（2）「組織文化変革」の法則の活用

　組織文化変革の法則も、組織的な行動変化のための施策を検討するうえ

で、大きなヒントを与えてくれます。組織文化を分析・整理するフレームワークとして、キム・キャメロンおよびロバート・クインが提唱する「競合価値観フレームワーク」がよく知られています。それは、第4章で提示したディメンションのひな形にほぼ相当する2軸・4象限の枠組みに従って、組織文化を「イノベーション文化／マーケット文化／官僚文化／家族文化」の4つに類型化するものです。

　ここでのポイントは、4つの文化が互いに競合関係、あるいは相反する関係にあり、ときには足を引っ張り合ったりもすることです。そこから、組織的な行動変化のためには、「(ビジネスの戦略や方針を受けて)どの組織文化を強化するのか」を明確にするとともに、「相反する文化の間にどのように調整をつけていくのか」ということも明確にする必要があり、そうしないかぎり組織は思うように変わっていかない、ということが導き出されます。

　たとえば、イノベーションが促進されるよう、「顧客接点で得られた気づきと新事業のアイデアを、部門や組織の垣根を超えて、積極的に共有して議論できるようにする」施策を打ち出す場合のことを考えます。施策を推進する過程では、次のようなさまざまなブレーキが働き始めることが想定できます(**図表12-3**)。

【マーケット文化からのブレーキ】
・経営トップが主催する営業会議の進め方が従来の予算達成至上主義のままのため、営業担当者の活動優先順位が変わらない。

【官僚文化からのブレーキ】
・取引先を早くから巻き込もうにも、顧客情報や知財やノウハウの保護ルールが厳しく、違反が怖くて情報共有できない。

【家族文化からのブレーキ】
・新事業を起こしたい人材が現れても、部門内のコンセンサスが重視されるため、なかなか走り出せない。

　そのようなブレーキが働くことを想定したうえで、文化の対立を解消するための、たとえば次のような施策を同時に打つ必要があるのです。

図表 12-3 「組織文化変革」の法則の活用

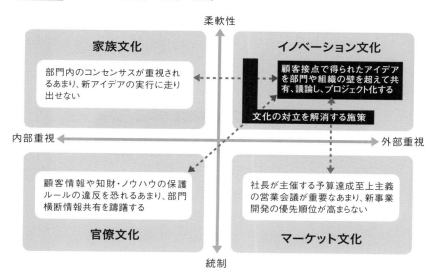

・経営トップに営業会議の進め方を変えていただく。

・社内外の情報共有場所を一カ所に集中してセンター化し、管理責任者を明確にして参加者が安心して情報を共有できるようにする。

・新事業ネタの発表会を開催し、そこから、部門を問わず社内スポンサーを直接募ることができるようにする。

　上記「競合価値観フレームワーク」の提唱者は、４つのタイプの企業文化のそれぞれを強化するための施策例や、マネージャーに求められる行動のリストアップも試みています。

　社員意識調査を通じて明らかになった課題解決への取り組みは、「組織文化の変革」の側面を伴う場合が多いでしょう。だからといって「組織文化の変革プロジェクト」として位置づける必要まではない、というのが本書の立場です。具体的な課題をわざわざ抽象化する必要はありません。しかし、相互に影響しあっており一体的に手を入れる必要がある制度や慣行を炙り出すために、組織文化という視点でみることは有効です。

事例編

　ここまで学び、検討してきた内容を組織の中でプログラムとして展開するイメージを、実際の事例を通じて形成しましょう。

　組織と人を一体で開発する今後の人材開発・組織開発プログラムのイメージを形成する端緒としましょう。

第13章

中央官庁の管理職の
能力向上に向けた取り組み

✔Point

● 組織として達成したい目的指向で進める

● あるべき組織像・人材像を設問に落とし込む

● 多面評価と意識調査を一体でフィードバックする

この章の
ワンポイント
セミナー

　最終章として、これまで述べてきたポイントの振り返りも兼ねて、多面評価／意識調査を用いた管理職のマネジメント能力の向上に向けた取組事例を紹介します。これは、2016～2018年度に、霞ヶ関の中央官庁の管理職（最終的には各府省等の課室長級職員の7割以上となる約1,800人）を対象に横断的に実施された取り組みで、関連資料は内閣官房内閣人事局のウェブサイト上に公開されています。

　この事例の特徴は、次の3つにあるといえます。これらの特徴は、本書で述べてきた内容と一致しており、企業における人材開発・組織開発施策推進にとって範となる要素を多々含んでいます。

・組織として達成したい目的指向で進める
・あるべき組織像・人材像を設問に落とし込む
・多面評価と意識調査を一体でフィードバックする

　なお、この取り組みでは、多面評価は「多面観察」と、社員意識調査は「職場満足度調査」または「職場環境等調査」と、それぞれ呼ばれています。

組織として達成したい目的指向で進める

　霞ヶ関の中央官庁では「働き方改革」の必要性等を背景に、内閣官房内閣人事局（企業でいえば「グループ横断人事企画部門」に相当）が音頭を取

り、多面観察を活用して、管理職のマネジメント能力の向上を図りました。複数年度にわたって、対象を徐々に拡大しながら試行と有効性の検証を繰り返し、霞ヶ関に合うプログラムとして完成度を高め、全府省にわたる全面的実施の内閣総理大臣決定（企業でいえば「社長決済」に相当）に至りました。その経緯を**図表13-1**に示します。

　上位の戦略および方針を受けて、「マネジメント能力の向上」が課題として宣言され、それを具体化する「求められるマネジメント行動」の明示があり、それを浸透・定着させるための手段として、多面観察を中心とする取り組みが位置づけられていることがわかります。人と組織のどのような姿を実現したいためにこの取り組みを推進するのかという目的指向が貫かれており、それが一貫性を持った取組拡大の原動力となっています。

あるべき組織像・人材像を設問に落とし込む

　管理職が実践すべき「マネジメント行動」の定義に向けて、「管理職のマネジメント能力に関する懇談会」が組織され、学識経験者の意見や先進的な民間企業における取り組みを参照する一方、職員アンケートを通じて各府省の職員の課題認識や、管理職の優れたマネジメント行動の事例がとりまとめられました。

　そしてそれを受け、内閣人事局によって、**図表13-2**のようにマネジメント行動が整理されています。

　すなわち、「ワークライフバランスとダイバーシティ」を含む「資源の有効活用」を目的として位置づけ、そのために必要なマネジメント行動をモレがないように整理する一方、最も重要な行動は何かということも議論され、「ジョブ・アサインメント」こそが中核であるという、焦点が絞り込まれた打ち出しがなされています。そして、4つの大分類（A~D）から9つの小分類（(1)~(9)）へ、さらに16個の具体的なマネジメント行動（①、②等）へと落とし込まれています。

　それらの行動の一つひとつを見ると、「管理職のこの行動の有無を問う」

図表 13-1 中央官庁を横断する多面観察の取組経緯

	課題とマネジメント行動の明示	多面観察フィードバックの実施
2016年度 （H28） 戦略・方針	● 「日本再興戦略2016」および「霞が関の働き方改革を加速するための重点取組方針」にて、マネジメント能力の向上を課題として明示。 ● 「管理職のマネジメント能力に関する懇談会」および「管理職のマネジメント能力に関するアンケート調査」にて、霞が関の管理職に求められるマネジメント行動を明確化。	● 内閣人事局内にてマネジメントフィードバック（多面観察）を試行（対象管理職40人）。
2017年度 （H29） 本格実装	● 各府省に対して内閣人事局より、「管理職のマネジメント能力の向上に向けた取組について」の依頼とともに、「管理職に求められるマネジメント行動のポイント」を配布。	● 「民間企業における多面観察の手法等に関する調査」にて多面観察の一般動向について情報整理。 ● 府省を横断して多面観察とそのフィードバックを実施（対象管理職約750人（本府省等課室長級職員の約2割相当）、回答者約1万人）。 ● 職場満足度についての調査も同時に実施し、組み合わせてフィードバック
2018年度 （H30） 検証と 意思決定		● 府省を横断して多面観察とそのフィードバックを実施（対象管理職約1800人（本府省等管理職の7割以上）、回答者約3万人）。 ● 職場環境等調査も同時に実施し、組み合わせてフィードバック。

意味が理解しやすい、かつ中央官庁の職員であればイメージを共有できるであろう共通性と具体性のバランスに優れた、行動のリストになっているといえます（これらは2017年度から多面観察の設問に反映され、その際、評価しやすいように一部の行動が分割され、最終的に24個の行動に落とし込まれています）。

　この行動のリストを、第4章で述べた2軸4象限のディメンションのマトリクスに位置づけてバランスをチェックしてみると、良好なバランスを確認できます。一方、本書では「第5のディメンション」と呼んでいる「国

事後アンケートにより検証	次年度への決定
● 対象管理職の95%以上が、取組全般が参考になり、再度の観察に前向きとの受け止め。 ● 観察者からも、有意義な取組であり、取組の浸透を望むとの意見。	●今回の試行結果を踏まえた改善等を実施した上で、より多くの府省の参加を得ながら、内閣人事局において引き続き試行を実施する。
● 91%の管理職が「とても有意義」または「有意義」と評価。 ● 85%の管理職が自身の行動を変えるつもりが「大いにある」または「ある」と回答。 ● 多面観察などを通じた管理職のマネジメント能力向上が、部下の職場満足度向上等にも資することを示唆。	● 各府省等は、平成31年度までに少なくても本府省等課室長級職員を原則として多面観察の対象とすることも視野に入れ、必要な取組を行う。(内閣総理大臣決定)
●90%の管理職が「とても有意義」または「有意義」と評価。 ● 88%の管理職が自身の行動を変えるつもりが「大いにある」または「ある」と回答。 ●多面観察などを通じた管理職のマネジメント能力向上が、部下の職場環境に対する認識の向上にも資することを示唆。	● 本府省等においては原則として少なくても課室長級職員を対象として多面観察を行う。 ● 地方支分局・施設等機関等においても、多面観察も含め、本府省等における取組を参考に、マネジメント能力の向上を図るために必要な取組を実施する。(内閣総理大臣決定)

※『管理職のマネジメント能力の向上に向けた取組について』および『マネジメント能力向上のための多面観察の取組』（内閣官房内閣人事局）に基づいて作成。

事例編

家公務員としての使命感」といった基本姿勢については明示されていないこともわかり、それを明示したほうが良いのではないか、と指摘することも可能です。

この取り組みでは、多面観察の設問と併せて、職場満足度調査／職場環境等調査の設問も準備されました。それらは、多面観察の際に、「あなたの上司について回答いただくのに併せて、あなたご自身や職場の状態についてもご回答ください」という形で調査されたものです。調査の設問は、2016年度は「職場への満足度」の見地から絞り込まれた５項目、2017年

図表 13-2 マネジメント行動の体系化とバランスチェック

【目的からマネジメント行動を体系化】

A リーダーとしての行動
(1)方向性の提示
(2)創造的な組織づくり

Bを確実に実施することで
Cの行動にもつながる

B 成果を挙げる組織運営
(3)判断・調整・優先順位付け
(4)コミュニケーション
(5)組織力の発揮

C 資源の有効活用
(6)人材育成
(7)ワークライフバランスとダイバーシティ
(8)コスト意識

D 組織の規律
(9)組織の規律維持

中核となるマネジメント行動
(ジョブ・アサインメントに対応)

チェック

※『管理職に求められるマネジメント行動の
ポイント』 内閣官房内閣人事局 平成29
年4月発行 より「マネジメント行動の概念
図」に基づいて作成。

【4象限のディメンションにマッピング】

将来(長期)

(2)創造的な組織づくり
① 新たな取組に挑戦する風土の醸成

(6)人材育成
① 適切な職務経験の付与、部下への必要
　な支援
② 自己啓発を含めた能力開発の推進

(4)コミュニケーション
①風通しの良い一体感のある職場づくり

(7)ワークライフバランスとダイバーシティ
① ワークライフバランスを重視する意識改革
② 多様な人材の活用

(9)組織の規律維持
① 責任感の保持、服務規律の遵守及び公平・公正な業務執行

(1)方向性の提示
① 組織課題の適切な把握・提示

(3)判断・調整・優先順位付け
① 適時・適切な判断
② 組織間での信頼関係の構築と
　折衝・調整
③ 業務間の優先順位付け

(5)組織力の発揮
① 目標・方針の共有、部下への咀しゃく
② 部下の適性等を踏まえた柔軟な業務
　分担
③ 進捗管理、目標達成の仕上げ

(8)コスト意識
①先見性を持った上での適切な業務遂行
②成果と時間・労力のバランスの認識

人(ミクロ、個)

ビジネス(マクロ、全体、組織、業務)

現在(短期)

度からは「マネジメント行動の結果として実現が期待される職場状態」の見地から整理された16項目で構成されています。

多面評価と意識調査を一体でフィードバックする

（1）フィードバックレポートの様式

　以上のように準備された設問に基づき、対象管理職の部下たち（本取り組みでは観察者は原則として部下のみ）に対してアンケート形式の調査が行われ、結果が対象管理職にフィードバックされました。フィードバックの内容とプロセスは、フィードバックレポートの様式に反映されており、**図表13-3**にそれを示します。

　2016年度版と2018年度版のレポート様式を比較すると、レポートの構成と流れの大枠は同じであるものの、違いがあります。これは、毎年の企画段階で、前年のフィードバック実施後に対象者から収集した意見等も踏まえ、議論を経ながら改変を加えていった結果ですが、それぞれの様式にはそれぞれのメリットがあります。つまり、データをどのように提示するのがベストかは、組織に根づいた思考スタイルやそれまでの経緯といった要因によっても異なり、さまざまな選択肢があるのです。そのため、ここでは2つの様式を並べて紹介します。

　2016年度版と2018年度版に共通するレポートの構成と流れは、次のとおりです。どちらにおいても、効果的なフィードバックの原則が踏まえられています。

【Part1（概要）】

　多面観察結果の概要を、「大項目別の集計結果」によって示す（受け手をいきなり詳細な情報で圧倒しないように、まず導入として概要を示す）。

【Part2（詳細）】

　多面観察結果の詳細を、「設問項目別の集計結果」によって示す（自己評価、他者評価、回答のバラツキの状況をじっくり見てもらう）。

事例編

図表 13-3 ① 管理職へのフィードバックレポート様式（2016年度）

部署：○○庁○○局○○課　　管理職氏名：永田町子　　観察者数：10 名

Ⅰ. 大項目別の集計

まず大項目別に概要を把握します。

	自己評点	他者評点平均
組織の問題解決	4.00	3.60
創造的組織の構築	4.00	3.40
チームワーク	3.00	3.40
ワークライフバランスの実現	3.00	3.55
コミュニケーション	3.00	3.50
効果的な人材育成	3.00	3.60
コンプライアンス	3.00	3.35

【評点】　4点：とても当てはまる
　　　　　3点：おおよそ当てはまる
　　　　　2点：あまり当てはまらない
　　　　　1点：まったく当てはまらない

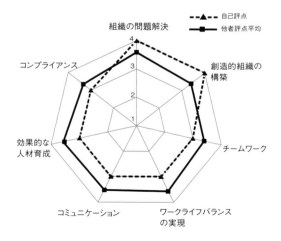

Ⅱ. 設問項目別の集計

Q01	組織の問題解決	01 課題の把握
Q02		02 対応方針
Q03	創造的組織の構築	03 効率的な組織づくり
Q04		04 新たな課題への チャレンジ
Q05	チームワーク	05 適切な業務分担
Q06		06 部下との目標や 方針の共有針
Q07	ワークライフバランスの実現	07 働き方改革への 率先した取り組み
Q08		08 部下の働き方改革
Q09	コミュニケーション	09 対話による 相互理解促進
Q010		10 組織内外との 積極的交流
Q011	効果的な人材育成	11 部下の 成長機会創出
Q012	コンプライアンス	12 誠実な業務遂行
Q013		13 服務規律への 意識向上

設問項目別に、自他の見方の違いや、観察者による見え方の違いが大きい項目がないかどうかにも留意し、改善課題を把握します。	自己評点	他者評点平均	他者評点平均−自己評点	他者評点のバラツキ（標準偏差）
彼／彼女は、自分に与えられた業務、自分が必要だと考える業務だけではなく、組織として対応すべき課題を適切に把握しているか。	4.00	3.60	−0.4	0.49
彼／彼女は、組織が対応すべき各課題について、その重要性、困難性や、業務の進捗状況等を考慮し、優先順位を考えた上で、適切に対応方針を検討しているか。	4.00	3.60	−0.4	0.49
彼／彼女は、無駄な業務は改廃し、過去から継続しているだけの不合理な業務は見直す等、状況の変化を踏まえた組織の活性化や、効率的な組織づくりを図っているか。	4.00	3.40	−0.6	0.49
彼／彼女は、新たな知識を吸収するとともに、組織全体の創造性を高めながら、組織の今後の展開を構想するなど、新たな課題に積極的にチャレンジしているか。	4.00	3.40	−0.6	0.66
彼／彼女は、部下それぞれの能力・特長・勤務形態等の多様性を踏まえ、チームとしての総合力を発揮するため、適切な業務分担を行っているか。	3.00	3.50	+0.5	0.67
彼／彼女は、組織の目標や方針について、部下と共有し、一体感をつくりあげようとしているか。	3.00	3.30	+0.3	0.46
彼／彼女は、自らの定時退庁やテレワークの実施等、ワークライフバランス実現に資する働き方改革に率先して取り組み、成果を上げているか。	3.00	3.50	+0.5	0.67
彼／彼女は、部下それぞれが働きやすく、その時々の事情に応じた多様で柔軟な働き方を実現できる環境整備を行っているか。	3.00	3.60	+0.6	0.49
彼／彼女は、部下から見て気軽に話しやすい雰囲気をつくり、意見を傾聴するとともに、チーム内での相互理解を十分に促進できるような対話を行っているか。	3.00	3.50	+0.5	0.50
彼／彼女は、組織の内外の人材と積極的に交流し、相互の組織間や業務運営に対する理解の促進、調整の円滑化を推進しているか。	3.00	3.50	+0.5	0.50
彼／彼女は、部下の能力・特長を見極め、より高いレベルに成長できるような育成の機会をつくっているか。	3.00	3.60	+0.6	0.49
彼／彼女は、業務遂行において、自らが責任感を持って誠実な対応を行っているか。	2.00	3.10	+1.1	0.70
彼／彼女は、組織としての服務規律の遵守、公平・公正な業務遂行が行われるよう、チームの意識向上を図っているか。	4.00	3.60	−0.4	0.49
全項目平均	3.40	3.48	+0.1	0.58

（グラフ凡例）
① 自己評点
② 他者評点平均
平均−標準偏差
平均+標準偏差

（グラフ横軸）まったく当てはまらない／あまり当てはまらない／おおよそ当てはまる／とても当てはまる

事例編

Ⅲ．自身の強み／弱みについての考察

他者観察による強みと、自己観察による強みとを対比させることにより、強み／弱みについての自他の認識を照らし合わせて考察します。意識していない強み／弱みがないかどうか振り返ったうえで、強みを活かし、弱みを補う方法を検討することが効果的です。
※他者評点が同点の場合には項目番号が若いものを上に表示させています。

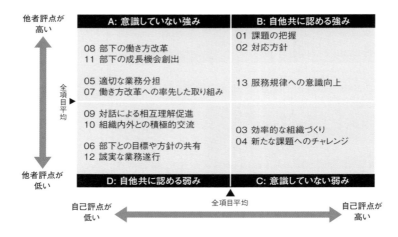

Ⅳ．観察者の状況についての考察

観察者の状況についての平均評点と、他者観察の平均評点の相関関係を示すことで、マネジメント状況改善のカギになる行動を考察します。

			平均
01 能力発揮	今の職場の中で、自分は十分に能力発揮ができていると思う。		3.20
02 ストレス	今の職場の中で、自分は特に強いストレスを感じていない。		3.40
03 関係構築	今の職場の中で、自分は周囲とよい関係を構築できている。		3.50
04 承認	今の職場の中で、自分は十分に評価され認められていると感じる。		3.20
05 勤労意欲	これからも、今の職場で働き続けたいと思う。		3.70

マネジメントフィードバック全対象者の評価を分析した結果、相関傾向が認められた設問を結んでいます。

Ⅴ．コメント設問への回答内容

コメントが、原則としてそのまま記載されています。マネジメント改善の具体的なヒントとしてお役立て下さい。
（表示の順序はランダムに表示されています。）

対象者の良い点、優れた点、
刺激を受けている点についてお書きください。

対象者にさらに期待する点について
お書きください。

	管理職の他者観察	他者評点 平均
01 課題の把握	彼／彼女は、自分に与えられた業務、自分が必要だと考える業務だけではなく、組織として対応すべき課題を適切に把握しているか。	3.60
02 対応方針	彼／彼女は、組織が対応すべき各課題について、その重要性、困難性や、業務の進捗状況等を考慮し、優先順位を考えた上で、適切に対応方針を検討しているか。	3.60
03 効率的な組織づくり	彼／彼女は、無駄な業務は改善し、過去から継続しているだけの不合理な業務は見直す等、状況の変化を踏まえた組織の活性化や、効率的な組織づくりを図っているか。	3.40
04 新たな課題へのチャレンジ	彼／彼女は、新たな知識を吸収するとともに、組織全体の創造性を高めながら、組織の今後の展開を構想するなど、新たな課題に積極的にチャレンジしているか。	3.40
05 適切な業務分担	彼／彼女は、部下それぞれの能力・特長・勤務形態等の多様性を踏まえ、チームとしての総合力を発揮するため、適切な業務分担を行っているか。	3.50
06 部下との目標や方針の共有	彼／彼女は、組織の目標や方針について、部下と共有し、一体感をつくりあげようとしているか。	3.30
07 働き方改革への率先した取り組み	彼／彼女は、自らの定時退庁やテレワークの実施等、ワークライフバランス実現に資する働き方改革に率先して取り組み、成果を上げているか。	3.50
08 部下の働き方改革	彼／彼女は、部下それぞれが働きやすく、その時々の事情に応じた多様で柔軟な働き方を実現できる環境整備を行っているか。	3.60
09 対話による相互理解促進	彼／彼女は、部下から見て気軽に話しやすい雰囲気をつくり、意見を傾聴するとともに、チーム内での相互理解を十分に促進できるような対話を行っているか。	3.50
10 組織内外との積極的交流	彼／彼女は、組織の内外の人材と積極的に交流し相互の組織間や業務運営に対する理解の促進、調整、の円滑化を推進しているか。	3.50
11 部下の成長機会創出	彼／彼女は、部下の能力・特長を見極め、より高いレベルに成長できるような育成の機会をつくっているか。	3.60
12 誠実な業務遂行	彼／彼女は、業務遂行において、自らが責任感を持って誠実な対応を行っているか。	3.10
13 服務規律への意識向上	彼／彼女は、組織としての服務規律の遵守、公平・公正な業務遂行が行われるよう、チームの意識向上を図っているか。	3.60

事例編

【Part3（強み／弱み）】

　強みと弱みを整理して示すことで、優先的に取り組むべき課題項目の特定をガイドする。

【Part4（部下の状態）】

　ここで、部下たちの意識調査の結果を示すことで、部下のモチベーション等の状態と、上司である自分のマネジメント行動との関係について、内省を促す。

【Part5（自由記述）】

　部下たちの指摘や要望を自由記述形式で示し、行動変化への参考に供する。

　一方、2016年度版と2018年度版の主な違いを示すと、以下のようになります。2018年度のほうが、回答事実をそのまま示す提示の仕方を重視しています。

　第１に、Part2（詳細）において、2016年度版では直感的な高低の把握のしやすさを重視し、平均点とバラツキ（標準偏差）の折れ線グラフを用いていますが、2018年度版では具体的な回答分布の把握を重視し、回答選択肢別の構成比グラフを用いています。

　第２に、Part3（強み／弱み）では、2016年度版は「他者評価による強み／弱み」と「自己評価による強み／弱み」を対比させるマトリクスを提示することで、優先課題の識別と行動変化の方向性をガイドしています。ただし、強み／弱みの判定には、ロジックのわかりやすさの見地から、偏差値ではなく点数の高低を用いています。

　これに対し2018年度版では、強み／弱みを検討するための独立したページは設けていないものの、Part2（詳細）ページにおいて、多面観察結果の詳細とともに「強み」の５項目と「弱み」の５項目の数値を着色して示すことによって、優先課題の識別をガイドしています。こちらは強み／弱みの判定に偏差値を用いています。

　第３の点として、Part4（部下の状態）については、2016年度版のレポートに大きな特徴があります。部下たちの職場満足度調査結果を示すにあた

り、Part2で示された自身の他者評価結果を再掲し、両者を関連づけて内省することを促しているのです。関連づけた理解を助けるために、「上司のどの行動と、部下のどの状態との間に、特に影響関係が認められるか」という見地から、特に関連づけて振り返ってほしい関係を矢印で示しています。2018年度版の個人別フィードバックレポートにはそのような関連づけの図示は含まれていませんが、対象者全員に配布される共通資料には振り返りのための参考情報として収められました。

そして第4に、Part5（自由記述）においては、2016年度版では「対象者の良い点・優れた点」と「対象者にさらに期待する点」だけですが、2018年度版ではそれらに加えて、マネジメント行動24項目のそれぞれについて回答理由を自由記述できるようにし、それを掲載しています。「マネジメント行動ごとに評価点だけでなく具体的なヒントがほしい」という、管理職から寄せられた要望に応えています。

このような、多面観察と職場満足度調査／職場環境等調査を関連づけたフィードバックによって効果を高める仕組みは、次のようなものです。

（2）フィードバックの効果を高める

フィードバックに先立ち、両調査を組み合わせた分析（差の連動性分析および重回帰分析）を通じて、上司のどの行動が部下のどの状態に影響を及ぼしやすいか、言い換えれば、「ある意識調査項目を高めるためには、どの多面観察項目を高めることが有効か」について、全体傾向を把握します。そして、強い影響関係が認められる項目間に矢印を引いて示すことで、優先的に注意を向けさせるのです。

これにより、フィードバックを受けた管理職は、たとえば「自分の部下は、『評価・承認されていない』と感じている傾向が強く、それに特に影響しやすい上司の行動は『目標・方針の共有』であるらしい。その行動が自分にはできているだろうか」という具合に、自身の行動の振り返りを、部下視点／職場視点で効果的・効率的に行うことができます。いきなり「あなたの行動はこのように評価されています」と指摘されても、「それがどう

図表 13-3 ② 管理職へのフィードバックレポート様式（2018年度）

多面観察調査 結果の概要

※ 「あなたの平均」欄の数値は、あなたに対する観察者の回答結果を平均した値です。（少数第三位を四捨五入）
　 なお「判断できない」を選択した観察者の回答は除いています。
※ 「あなたの府省の平均」欄の数値は、あなたの府省におけるあなた以外の対象者に対するものも含む全観察者の回答結果を平均した値です。
※ 数表の着色の仕方：「あなたの平均」の中で相対的な強みを水色で、相対的な弱みを赤色で着色しています。相対的な強み・弱みは、「あなたの府省の平均」と比較した（回答のばらつきも加味）「あなたの平均」の位置付け（偏差値に該当）に基づいて判定しています。

(4点満点)

		強み 弱み	あなたの 平均	あなたの 府省の平均
A リーダーとしての行動	A-1	方向性の提示	3.30	3.25
	A-2	創造的な組織づくり	3.38	3.08
B 成果を上げる 組織運営	B-1	判断・調整・優先順位付け	3.00	3.15
	B-2	コミュニケーション	2.70	3.29
	B-3	組織力の発揮	2.92	3.05
C 資源の有効活用	C-1	人材育成	3.00	3.00
	C-2	ワークライフバランスとダイバーシティ	3.05	3.27
	C-3	コスト意識	3.06	2.98
D 組織の規律	D-1 組織の規律維持		2.94	3.39

多面観察調査 項目別結果

A リーダー としての行動	A-1 方向性の 提示	多くの情報の中から必要な情報を見極めて、組織課題を適切に把握している。
		組織の目標や方針、達成すべき成果を具体的に部下に示している。
	A-2 創造的な 組織づくり	異なる能力や多様な考え方を尊重し、職場内の議論を活発に行っている。
		新たな取組に挑戦する職場の風土を作り出している。
		自ら、環境変化を踏まえた新たな事業や仕組みを構想している。
B 成果を上げる 組織運営	B-1 判断・調整・ 優先順位付け	想定される対応の選択肢について、長所・短所等を考慮して、適時・適切に判断を行っている。
		関係する組織との信頼関係を構築し、相手の考え方やニーズを理解して折衝・調整を行っている。

：（計 24 項目）

| 対象者氏名：内閣太郎 | 回答依頼送信者数：10 名 | 観察者数：10 名 |

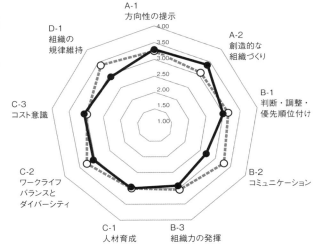

【観察者の回答の数値化】

4点：よく当てはまる
3点：おおむね当てはまる
2点：あまり当てはまらない
1点：全く当てはまらない

● あなたの平均
○ あなたの府省の平均

【あなたの結果についての項目ごとの選択者割合】

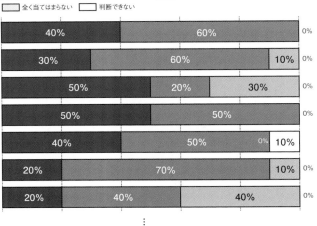

	（4点満点）	
□:強み ■:弱み	あなたの平均	あなたの府省の平均
	3.40	3.32
	3.20	3.18
	3.20	3.24
	3.50	3.04
	3.44	2.94
	3.10	3.20
	2.80	3.26

職場環境等調査 結果

今の職場では、組織の目標や方針、達成すべき成果が共有・理解されている。
今の職場では、議論が活発に行われている。
今の職場では、職位や年次にかかわらず、自由に意見が言える雰囲気である。
今の職場では、新たな取組に挑戦しようとする姿勢がある。
今の職場では、取り巻く環境の変化に応じて、また業務の効率化をはかるため、業務の見直しを行おうとする姿勢がある。
今の職場では、業務内外のことについて話しやすい関係が構築されている。
今の職場では、テレワークの推進、フレックスタイム制の利用等、場所や時間等について効率的な働き方や柔軟な働き方が尊重されている。
今の職場では、超過勤務の縮減、休暇の取得促進など各人のワークライフバランスが尊重されている。
今の職場では、育児・介護など各人の抱える様々な事情を踏まえ、適切な業務上の支援が行われている。
今の職場では、単位時間当たりの付加価値を高めようとする姿勢がある。
今の職場では、国家公務員としての倫理感の徹底、法令等の遵守、行政文書の適正な管理、ハラスメントの防止などコンプライアンス意識の醸成が図られている。

：（計 16 項目）

自由記述欄の回答内容

※ 各設問について、観察者から自由記述欄に回答があった場合、以下に表示されます。
※ 観察者の回答は、原則としてそのまま記載されています。マネジメント改善の具体的なヒントとしてお役立て下さい。
　（回答内容はランダムな順序で表示しています。）

【01 組織課題の把握】回答した理由を記載してください。※自由記述
○○
△△

【02 目標・方針の伝達】回答した理由を記載してください。※自由記述
○○

【03 職場内議論の促進】回答した理由を記載してください。※自由記述
○○

：

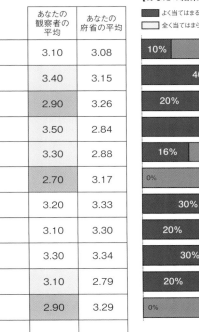

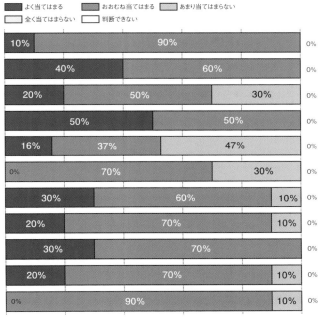

（4点満点）

あなたの観察者の平均	あなたの府省の平均
3.10	3.08
3.40	3.15
2.90	3.26
3.50	2.84
3.30	2.88
2.70	3.17
3.20	3.33
3.10	3.30
3.30	3.34
3.10	2.79
2.90	3.29

【あなたの結果についての項目ごとの選択者割合】

よく当てはまる　おおむね当てはまる　あまり当てはまらない　全く当てはまらない　判断できない

事例編

した？」となりがちですが、ふだん気にかけている部下や職場の状態を示し、その状態と上司としてのマネジメント行動との関係に目を向けさせることで、自分がマネジメント行動をとることの意味が明確になり、マネジメント行動が"自分ゴト"になるのです。

　この取り組みではまた、両調査を組み合わせた分析によって、「マネジメント能力向上」の意義と効果の検証も行っています。すなわち、部下による上司のマネジメント行動評価結果と、部下の職場満足度（または職場環境の評価）との関係を見ることで、「管理職のマネジメント能力向上が、部下の職場満足度向上等にも資する」ことを検証しているのです。

　この検証にあたっては、「一方の調査に高い回答をする者はもう一方の

調査にも高い回答をするという、回答者による評価の上ブレ傾向が表れているにすぎないのではないか」という疑問も出てくるため、「決して単にそういうわけではない」という反証をする必要があります。これについては、多面観察の全項目と職場満足度調査／職場環境等調査の全項目との影響関係を個別に見ていき、「すべての項目の間に影響関係が見られるわけではない」、すなわち「単なる評価の上ブレ傾向ではない」ということを示すことによって、反証を行っています。

　さらに、以上のようなフィードバックレポートを提供するにあたっては、単にレポートを配布するのではなく、次のような多段階の、極力、対面の機会を重視したフィードバックを行います。

【第1段階（調査前の説明会）】

　取り組みの趣旨や回答方法に関して、対象者と観察者の両方に対して、事前説明会を行います。特に、「なぜこの取り組みを行うのか」という背景や目的について、しっかりと理解を得ます。

【第2段階（調査後の説明会）】

　結果の受け止め方に関して、対象者に事後説明会を行います。特に、結果はあくまでも観察者の「主観事実」として素直に受け取るべきことや、フィードバックを受けたあとには部下たちに感謝を伝えるべきこと、そして、全員のデータの分析から得られた傾向およびヒント等について伝えます。

【第3段階（フィードバック）】

　そのうえで、対象者別の集計・分析結果を、各対象者の上司、または各組織の人事担当部署から個別に、あるいは、対象者を集めてのフィードバックセッションを通じて、フィードバックします。

　そして、この一連の取り組みによって有益な気づきを得ることができたかどうか、アンケートを通じてモニターし、次年度の施策に反映させ、PDCAサイクルを回すのです。

付録

参考文献と学びのガイド

　最後に、本書の議論の基礎や背景となっている参考文献を概観することで、さまざまな角度からの議論や検討、そしてさまざまな専門性を持った人との情報や意見の交換に備えましょう。

本書の本文において、人材開発部門が戦略部門になることをめざし、社員意識調査や多面評価のプログラムの組み立て方、そして活用の仕方について述べてきました。

　本ガイドでは、それにあたって踏まえた参考文献を章ごとにまとめ、その文献を取り上げる背景や、学びのポイントとともに、示します。

　自社におけるプログラムの企画・設計・実施にあたって、社内の関係者や社外のコンサルタントと議論したり、あるいは自ら専門家／プロフェッショナルとして活動したりする場合に、本書の本文とともに、ここで紹介する文献は拠り所となるものと思います。

　日本語の文献を主としつつ、英語の文献も紹介しています。実務に追われる中で英語の文献を読む余裕はなかなか持てないものですが、情報収集にあたっての英語の重要性はますます高まっています。変化のスピードが速く、重要な本が日本語に訳されないことも多くなっています。しかし幸いなことに、自動翻訳の進化もまた著しく、何語で書かれたものであっても自動翻訳に流し込めばとりあえず日本語で大意はつかめる、という時代になりました。過度におそれず、自動翻訳を駆使してがんばりましょう。

※参考文献のうち☆印がついたものは、Amazon の電子書籍サービス kindle に対応しているものです。

第1章　データで人材開発・組織開発は変わる

　本書は、社員意識調査（または従業員満足度調査、モチベーションサーベイ、エンゲージメントサーベイ等）と、多面評価（または多面観察、360度評価、360度フィードバック等）の徹底活用を中心に述べていることから、まず、社員意識調査と多面評価の教科書の紹介から始めます。

社員意識調査の教科書

　単に出来合いの調査パッケージを導入するのではなく、自社独自の企業目的や価値観や戦略に基づく、自社独自のサーベイを企画するためには、仮に外部のコンサルタントの力を借りるとしても、自らあるべきサーベイのコンテンツ／プロセスを考えるうえでの基準となる教科書をいくつか持っておくことが望

ましいといえます。しかし残念なことに、社員意識調査の教科書に関して、本書以前には、日本語のものはほぼ見当たりませんでした。しかし、英語で書かれたものは多々あるため、英語の代表的な教科書を紹介します。

最もしっかりと書かれているものは、次の本だと思います。発刊は1998年で20年以上前に書かれたものですが、技術論よりも本質論に焦点を当てているため、古さは感じさせません。単にサーベイを行って終わり、ではなく、組織においてサーベイの効果を上げるために何を検討・実施すべきか、ということが重視されています。著者らは、組織開発の大家であるワーナー・バーク（W. Warner Burke）のチームに所属してバークとともにサーベイの経験を積み、その経験を踏まえて同書を著しました。その点でも信頼性の高いものであり、その後の多くの文献でも引用されています。

● Allan H. Church, Janine Waclawski『Designing and Using Organizational Surveys』Routledge（2017）☆

多面評価の教科書

多面評価についても、日本語で書かれた網羅的な教科書は見当たりませんでした。あえて言えば、私も執筆に参加した、2009年の次の本が最も詳しいといえるでしょう。ストーリー仕立てを交えた360度フィードバックの意義の説明や導入企業へのインタビューが、360度フィードバックのオーソドックスなイメージを伝えており、優れています。ただ、導入マニュアルとして使うためには十分に詳細とはいえません。また、私が執筆した部分がそうなのですが、360度フィードバックを、人材開発の目的を超えて業務改善や知識創造のインフラとして用いる可能性を論じている点は、かなり個性的といえます。

● 相原孝夫、南雲道朋編『チームを活性化し人材を育てる360度フィードバック』日本経済新聞出版（2009）品切れ

英語だと選択肢が出てきます。最も包括的な教科書は、2000年に刊行された次のものです。

● David W. Bracken, Carol W. Timmreck, Allan H. Church『The Handbook of Multisource Feedback（Jossey Bass Business & Management Series）』Pfeiffer（2000）

同書の新版にあたる本が2019年に刊行されていますが、それは同書を土台にして、「360度フィードバックの戦略的な活用」により焦点を当てたもので、2000年に刊行された同書は決して役割を終えたわけではない、としています。実際、設計・運用の基本に関しては、同書のほうがよりバランスよくまとめられています。

　2019年の本は次のもので、現時点における、360度フィードバックの最も網羅的で詳しい教科書と考えられます。2000年の本を内容・形式ともに踏襲しつつ、360度フィードバックがますます人材戦略の重要なパーツとして広汎な局面で用いられるようになっている現状と、そこにおける論点をあぶり出し、トピックごとに適した専門家が突っ込んだ論考を行っています。そして、現代の360度フィードバックを『戦略的360度フィードバック』と総括しています。

● **Allan H. Church, David W. Bracken, John W. Fleenor, Dale S. Rose『The Handbook of Strategic 360 Feedback』Oxford University Press（2019）**☆

第2章　データが促す人材開発と組織開発の一体化

人材開発と組織開発の統合についての議論

　本書の第2章では、データによって、人材開発と組織開発の一体化が進むことについて述べています。

　人材開発と組織開発の統合については、日本の組織開発分野をリードする、立教大学の中原淳先生と南山大学の中村和彦先生が議論されています。組織開発の歴史と現状を振り返った次の大著において、中原先生は、「私たちの眼前には『組織開発と人材開発の統合』という新たなモティーフが浮かび上がってきました」と述べています。

● **中原淳、中村和彦『組織開発の探究　理論に学び、実践に活かす』ダイヤモンド社（2018）**☆

　同書の著者の一人である中村先生による次の本では、「これまで『人材開発

室』という名称だった部署を、『人材・組織開発室』または『組織・人材開発室』という名称に変更して、HRD から OD にその機能を広げようとしている企業がいくつかあります」と述べられるとともに、組織開発機能をどの部門を担うことが適切か、ということについても述べられています。

● 中村和彦『入門　組織開発　活き活きと働ける職場をつくる』光文社新書
（2015）☆

他人の強みを知ることが組織のパフォーマンスにつながるという理論

人材開発と組織開発が表裏一体であることはたしかであり、実際、人材開発目的での多面評価が定着すると、組織としてのパフォーマンスもそれだけ高くなることは当然と感じられますが、ではなぜ高くなるのか、ということは自明ではなく、深いテーマです。

「一人ひとりが自身の強み／弱みを振り返る機会を持つことで能力開発が進むから」

「一人ひとりが他者の視点を受け入れて学ぶ謙虚さを持つことでチームワークの基盤が整うから」

といった理由を考えることができますが、別の視点からの、興味深い考え方があります。それは、

「誰が何をできるのかお互いに知っている集合知を意味する、『トランザクティブ・メモリー』の総量が大きくなるから」

という考え方です。

トランザクティブ・メモリー理論によれば、組織全体としての知識を増やす鍵は、組織の各メンバーが「他メンバーの誰が何を知っているか」を知っておくことにあるといいます。言い換えれば、他のメンバーの専門性や強みについての認識が高まれば、組織のパフォーマンスも高まる、というのです。この考え方に立つと、多面評価は、フィードバックを受ける対象者のためのものだけでなく、評価する側にとっての「他メンバーの強み／弱みを振り返る機会」でもある、という側面に光が当たります。こうなると、評価の手間にしても、単なるコストではなく、組織力をつける筋トレのようなものと位置づけることができることになります。

このようなトランザクティブ・メモリー理論については、早稲田大学の入山章栄先生が、次で紹介されています。

● 入山章栄『ビジネススクールでは学べない世界最先端の経営学』日経BP（2015）☆
● 入山章栄『世界標準の経営理論』ダイヤモンド社（2019）☆

　入山先生は、トランザクティブ・メモリーに関して、興味深い特性を紹介しています。ある研究において、どのようなチームがトランザクティブ・メモリーを高めているかというと、「直接対話によるコミュニケーションの頻度が多いチーム」に限られ、「メール・電話によるコミュニケーションが多いことはトランザクティブ・メモリーの発達を妨げる」可能性すら示された、というのです。

　このことは、リモートワークの功罪について、興味深い示唆を与えます。リモートワークによっても、目先の業務を進めることは差し障りなくできることは明らかになってきています。しかし一方、端末を通して得られる他者からの情報やアドバイスが、あたかも「検索エンジン」から得られるもののように、無人格化される傾向も感じられるとおりです。「誰からの情報か」という意識が希薄になることが、トランザクティブ・メモリーの希薄化を意味するのだとすれば、それは、中長期には組織のパフォーマンス低下につながっていくことになってしまいます。リモートワーク時代だからこそ、多面評価を行い、誰がどのような情報や能力をもっているのか、情報や能力と人との紐付けを意識的に行うことが、ますます重要になっていると言うことができるかもしれません。

人材開発と組織開発の統合を促すIT基盤とは

　本書の第2章では、IT基盤が人材開発と組織開発を物理的に統合しつつある、ということについても述べています。

　そのようなIT基盤として、大きく次の3種類を想定しています。

● コミュニケーションツール（SlackやChatwork等）
● タスク／プロジェクト管理ツール（RedmineやTrello等）
● 成果物管理ツール（WikiやGitHub等）

　この3種類の中で「コミュニケーションツール」は一般企業でも普及しつつあるものの、やはり、仕事のIT基盤の活用は、IT業界においてとりわけ進ん

でいるといえます。

特に注目したいのが、「成果物管理ツール」に分類される、GitHub という ソフトウェア開発のプラットフォームです。全世界の不特定多数の開発者が 365日24時間協働しながら巨大なソフトウェアを矛盾なく進化させていくた めの仕組みで、凄まじいスピードで進む IT の進化を支える、圧倒的な効率性 が実証された仕組みといえるものです。組織の成長も人の成長も促すものであ るため、先進的なエンジニアの間では、その企業が GitHub を使っているか どうかが転職の際のチェックポイントになっているともいわれます。

ソフトウェア開発という特殊な分野のツールではありますが、「大企業を中 心とした規格に従ったサプライチェーンシステム」とも「学会の論文査読シス テム」とも「出版市場を通じた選別システム」とも異なる、21世紀の知的資産 創出システムとして、人材開発・組織開発に関わる人はイメージを頭に入れて おくのがよいと思います。

● 池田尚史、藤倉和明、井上史彰『チーム開発実践入門　共同作業を円滑 に行うツール・メソッド』技術評論社（2014）☆

● 大塚弘記『GitHub 実践入門　Pull Request による開発の変革』技術 評論社（2014）☆

第3章　人材開発部門で扱うべきデータとは

隣接分野における統計手法活用に学ぶ

本書の第3章では、人材開発部門はどのようなデータを扱うべきか、という ことについて論じています。その議論のためには、他の部門や分野においては どのようなデータがどのようなやり方で扱われているのか、そしてそこでは何 が重視されているのか、知っておくことが有益です。それにより、独りよがり にならない客観性を得ることができます。また、各分野固有の目的と、それに もとづく固有の作法やこだわりを知っていれば、他分野の議論を参照する場合 であっても、それに過度に引きずられなくてすみます。

他分野として、それぞれ人材開発の隣接分野ともいえる「心理学」、「計量経

済学」、「マーケティング」の3つの分野を取り上げ、それぞれのデータ活用の特徴と参考文献を紹介します。

【心理学】　構成概念の測定に重きが置かれる

　心理学はまさに主観データ、すなわち調査票に基づくアンケートデータを中心に扱う分野であり、その見地から、心理学におけるデータ活用は参考になるものです。

　心理学のデータ活用の目的は、心理的な現象を分類・整理する概念やモデルを打ち立てたうえで、その概念やモデルに基づく「心理テスト」を開発することである、と言っても、大きく外れてはいないでしょう。人材開発・組織開発実務との違いとしては、心理学においては、知能や心理的特性に関わる抽象的な「概念」を実証することに重きが置かれるということがあります。よって、質問紙の設問が、実証したい概念を測定するものとして妥当かどうか、ということの判断に多くのエネルギーが割かれます。

　たとえば、心理学では性格の5大因子（ビッグファイブ）として「外向性」、「情緒安定性」、「開放性」、「勤勉性」、「協調性」が挙げられますが、本当にこの5つなのか、どのような尺度でこの5つの強弱を判定するのか、ということの確立にエネルギーが割かれるのです。よってまた、質問紙の信頼性を高めるために、1つの概念を複数の設問で測定することが通常です。

　それに対して、人材開発・組織開発の実務において、「概念」は、設問を設計したり、傾向をわかりやすく整理したりするための道具であり、その実証は目的ではありません（本書では、「設問の文言＝概念」とみなすことで、設問の妥当性（構成概念妥当性）の議論も回避しています）。

　調査票の作り方を中心に、心理学における統計手法の用い方を示す専門書として、たとえば次のものがあります。心理テストの開発にも長年携わってこられた著者によるもので、専門書として内容の難易度は高くなりますが、心理学におけるしっかりとした統計手法活用の作法を知ることができます。

● 村上宣寛『心理尺度のつくり方』北大路書房（2006）

　同じ著者による入門書としては、次のものがあります。心理学における統計手法活用の勘所とともに、心理テスト業界の事情がわかるものとなっています。

- 村上宣寛『心理テストはウソでした』講談社+α文庫（2005、2008文庫化）☆
- 村上宣寛『IQってホントは何なんだ？』日経BP（2007）☆
- 村上宣寛『性格のパワー　世界最先端の心理学研究でここまで解明された』日経BP（2011）☆

....

【計量経済学】　因果関係の実証に重きが置かれる

　近年、計量経済学の手法を用いて労働、教育、そして人事や組織のことを研究する経済学の分野が脚光を浴びています。つまり、経済学の分野でも、人や組織のデータを扱う手法や作法がまとめられつつあります。

　計量経済学は、主として政策立案・評価のための学問であり、ある政策をとったときにどのような効果をあげることができるかを分析するものです。企業内の施策立案・評価と、データ活用の目的・手段は似ています。主観データか客観データかを問わず、用いることができるデータをすべて用いて、科学的・普遍的真理とまではいえなくても、国の政策レベルでの含意を引き出すことができる程度に真理と見てよい結論を引き出すことがめざされています。したがって、個別の企業においてそのときに必要な施策を導き出すためのデータ活用よりも、効果の実証に関して高い精度が求められ、その精度を確保するための手続きに多くのエネルギーが費やされるといえます。

　東京大学の大湾秀雄先生は、複数の協力企業の企業内データを用いた産学官連携プロジェクトにて、個々の企業で行うデータ分析に近いイメージの研究をされており、次の本において、その成果の中から「女性活躍支援」、「働き方改革」、「採用」、「管理職評価」、「離職」、「高齢者雇用」の6テーマについて、データ分析事例を紹介されています。

- 大湾秀雄『日本の人事を科学する　因果推論に基づくデータ活用』日本経済新聞出版（2017）☆

....

　上記の大湾先生の本に登場する統計手法については、次の教科書を参照することで、より精密な理解が得られます。ただし、人材開発・組織開発実務ではそこまで求められない論証精度を求める技法にかなり立ち入っており（たとえば「統計分布」の種類と使い分け、「分散が一様でない場合」の技法等）、かつ、

付録

数式を用いた記述は難易度が高いといえます。

● 田中隆一『計量経済学の第一歩　実証分析のススメ』有斐閣 (2015) ☆

....

　次は、広く一般読者層にも評判にもなった入門書です。「(公共料金や税制といった) 政策と効果の因果関係の見極め方」に焦点を当てて、中核となる手法である「ランダム化比較実験」を中心に、それを補完したり深めたりするさまざまな手法を紹介しています。入門書として噛み砕いた説明がされていますが、扱われているテーマはかなり専門的です。大企業における制度導入効果の検証方法を考えるにあたってのヒントが得られるかもしれません。

● 伊藤公一朗『データ分析の力　因果関係に迫る思考法』光文社新書(2017) ☆

....

　次は、同じ趣旨で、「因果関係」と「相関関係」との違い、そして「因果推論」の行い方、というテーマを掘り下げています。

● 中室牧子、津川友介『「原因と結果」の経済学　データから真実を見抜く思考法』ダイヤモンド社 (2017) ☆

....

【マーケティング】　売上の予測に重きが置かれる

　マーケティングにおけるデータ活用は、統計学、ビッグデータ、AI、インタビュー等の定性手法等、手段を選ばない総合格闘技のような分野であるといえます。Google 社の本業もマーケティング分野にあるといえ、マーケティング分野はデータ活用が最も進んでいる分野と言えるかもしれません。

　この分野では多くの場合、求める結果は「マーケティングコストあたりの売上」というはっきりした指標で表されます。そのため、この分野の目的は「売上を最大化するための方程式づくり」、すなわち、「何をどうしたら売上が最大になるかを予測／シミュレーションすること」にあるともいえます。たとえば、マーケティングの4P (Product (商品)、Price (価格)、Promotion (プロモーション)、Place (売り場)) の条件を変えたときに、売上がどうなるかを予測するのです。

　次の本は、マーケターに必要な統計や因果推論の基礎知識を「演習形式」で共有するもので、統計ソフト「エクセル統計」を用いたさまざまな統計手法の

活用例が示されますが、最終的に、上述のような「方程式」作成をゴールとしており、マーケティングにおける先進的なデータ活用の姿をExcelの上で追跡・経験できる、優れた教科書といえます。

● 小川貴史『Excelでできるデータドリブン・マーケティング』マイナビ出版 (2018) ☆

その他、売上予測に賭けるデータ活用のマインドを知るためのものとして、USJ（ユニバーサル・スタジオ・ジャパン）再建の立役者として名を馳せたマーケッター、森岡毅氏の本はおすすめです。

● 森岡毅、今西聖貴『確率思考の戦略論　USJでも実証された数学マーケティングの力』KADOKAWA (2016) ☆

マーケティングにおけるデータ活用の知識とマインドは、人材開発分野の中では、とりわけ採用分野において、直接参考にすべきものと考えられます。人材の採用とは、人材市場に向けて働きかけ、自社の従業員というポジションを「買って」もらい、自社へのロイヤリティを高めてもらい、自社へのリターンを最大化する、マーケティングそのものであるとも言えるからです。

第4章　調査設計の基本1（ディメンションの設計）

組織のあるべき姿を示す組織モデル

本書の第4章では、調査項目＝設問項目をいかに体系化するかということについて述べています。ここで本来参照したいのが「組織モデル」です。組織モデルとは、組織がどのような要素から成り立ち、要素と要素がどのように関係しあって、組織目的の達成に至るのかというメカニズムを明らかにするものです。自社のマネジメントが準拠する組織モデルがあれば、その要素を測定し、あるべき姿とのギャップ（＝問題）があればそれを是正することで、組織目的達成を図ることができるはずです。

組織開発分野で伝統的によく参照される組織モデルとして、ナドラー―タッシュマン（Nadler/Tushman）が提唱した、コングルーエンス・モデル

図表 4-4 コングルエンス・モデル

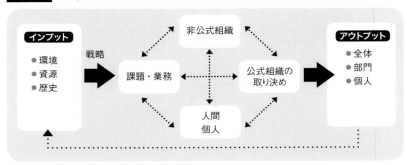

(Congruence Model) というものがあります。それは、「組織とは、インプット（①環境、②資源、③歴史）をアウトプット（④組織目標達成、⑤資源の開発、⑥業界ポジション）に変換するプロセス（⑦戦略、⑧仕事、⑨人、⑩公式組織、⑪非公式組織）である」というものであり、組織を11個の要素で表現しています。「イノベーションがどこにマップ化されるのか定かでない」といった現代的な視点からの批判的議論もあるものの、説得力あるモデルであり、このモデルに基づいて調査項目を分類・体系化する、ということは1つの方法です。このモデルについては、提唱者による次の本の中で、「組織行動の整合性モデル」として解説がなされています（**図表4-4**）。

● デーヴィッド・A．ナドラー、マイケル・L．タッシュマン『競争優位の組織設計』春秋社（1999）品切れ

（原書）David Nadler, Michael Tushman『Competing by Design: The Power of Organizational Architecture』Oxford University Press（1997）☆

もうひとつよく参照される組織モデルとして、バーク―リトウィン（Burke-Litwin）モデルというものがあります。提唱者のひとりである組織開発の大家バークによる次の組織開発の教科書において、組織開発で用いられてきた有力なモデルが上記のナドラー―タッシュマンのコングルーエンス・モデルを含めて一通り紹介されたうえで、自身の提唱するバーク―リトウィンモデルが詳述されています。このバーク―リトウィンモデルは、コングルーエンス・モデルをさらに精緻化した趣のもので、12個の要素（①外部環境、②ミッションと戦略、③リーダーシップ、④組織文化、⑤組織構造、⑥マネジメント慣行、⑦シ

図表 4-5 バーク―リトウィンモデル

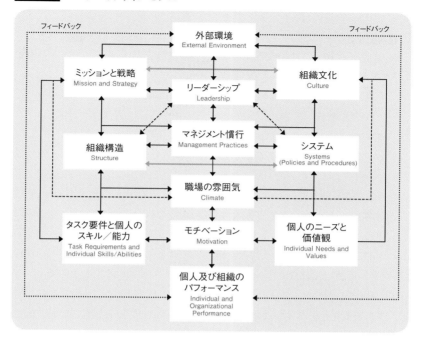

ステム、⑧職場の雰囲気、⑨タスク要件と個人のスキル／能力、⑩個人のニーズと価値観、⑪モチベーション、⑫個人及び組織のパフォーマンス）の間の因果関係の矢印によって表現されます。なお、このモデルにも、たとえば「テクノロジーの活用が表現されていない」といった限界があることをバークは認めています（**図表4-5**）。

● W. Warner Burke, Debra A. Noumair『Organization Development: A Process of Learning and Changing』3rd Edition, Pearson FT Press (2015) ☆

　さらに古典的なところでは、理想的な組織の姿とその実現への道筋を実証科学的な経営管理論として確立しようとした偉大な学者であり、サーベイ・フィードバックの創始者ともされるレンシス・リッカートが、次のような枠組みの「組織変数表」の確立を試みています。

Ⅰ 原因変数（A: 方針・経営理念・価値観、B: 上司の経営管理能力、C: 採用・選考過程、D: 教育訓練、E: メンバーの文化的特徴、F: 資本や設備）

Ⅱ （原因と結果の） 媒介変数 （A: 態度・動機づけ・認知、B: 行動）

Ⅲ 結果変数 （A: 業績、B: 財務）

● R. リッカート『組織の行動科学　ヒューマン・オーガニゼーションの管理と価値』ダイヤモンド社 (1968) 絶版

（原　書）Rensis Likert『Human Organization: Its Management and Value』(1967) 絶版

....

　また、日本発の組織モデルの研究として、次のものがあります。その後の経営学会の重鎮となった当時気鋭の先生らがチームを組んで、包括的な組織モデルを打ち立てるとともにその測定尺度をも開発することを企図した、野心的な研究書です。1978年に刊行された本ですが、2013年に新装版が出されており、同書は日本の経営学会における組織論研究の１つの到達点であったということができると思います。刊行当時主流だった「コンティンジェンシー理論（環境適応理論）」に基づきつつ、それではカバーできない要素をも加えて、マクロ（組織全体）レベルからミクロ（個人）レベルまで包含できる体系を打ち立て、学術研究をサーベイしながら、測定尺度開発にまで踏み込むことが企図されているものですが、実務的な調査項目に落とし込むための道程はまだ長いと感じられます。

● 野中郁次郎、加護野忠雄、小松陽一、奥村昭博、坂下昭宣『新装版 組織現象の理論と測定』千倉書房 (2013)

....

組織論の始祖バーナードの「経営者の役割」を換骨奪胎したマッキンゼーの7S

　すべての組織モデルは、組織論の始祖とされるチェスター・バーナードが1938年に著した、『経営者の役割』にまで遡ることができるといわれます。バーナードの組織論は、組織を「意識的に調整された２人またはそれ以上の人々の活動や諸力のシステム」と広く定義したうえで、組織の要素を、「共通目的」と「コミュニケーション」と「協働意欲」の３つに整理するものです。マクロ（組織全体）の視点とミクロ（個人）の視点を絶妙なバランスで統合し、経営管理者の役割がいかに高潔なものであり得るかということにも気づかせる、マネジメントのクオリア（味わい）を表現しているとさえいえる味わい深い論ですが、

ビジネスや社会科学の書というよりは哲学書のような記述の仕方が難解で、また、具体的な測定項目／尺度へのブレークダウンまではなされていません。

● **C.I. バーナード『経営者の役割』ダイヤモンド社 (1968)**

·····

私自身、次の本にてバーナードの組織論を骨格として借用し、IT 基盤の上における組織マネジメントの論点の体系化を試みたことがありますが、測定項目／尺度へのブレークダウンまでは行っていません。

● **南雲道朋『多元的ネットワーク社会の組織と人事』ファーストプレス (2007) 絶版**

·····

このバーナードの組織論を換骨奪胎して1980年代に蘇らせ、世界的なベストセラーとしたのが次の本です。

● **トム・ピーターズ、ロバート・ウォーターマン『エクセレント・カンパニー』英治出版 (2003) ☆**

（原書）Tom Peters, Robert H. Waterman『In Search of Excellence: Lessons from America's Best-Run Companies』Harper Business (2012) ☆

·····

この本は、「マッキンゼーの7S (Strategy, Structure, System, Shared Value, Skill, Staff, Style)」と呼ばれる有名なフレームワークを紹介した本として知られています。戦略コンサルタントが優良企業の共通要素をお手軽な語呂合わせのフレームワークにまとめた本、では決してなく、組織論の最先端の論者や議論を時間と費用をかけて渉猟し、議論を重ねた結果の労作であることが、著者らによって振り返られています。

この本の中で、チェスター・バーナードへの言及は25カ所に及んでおり、「チェスター・バーナードが1937年に出した『経営者の機能』は、おそらく経営理論として完全なもの、と呼ぶに値しよう」とすら述べられています。たしかに、7S フレームワークは、バーナードの組織論と同様に、マクロ（組織全体）の視点とミクロ（個人）の視点をバランスよく含む包括的なフレームワークとなっています。

一方、7S フレームワークにおいては７つの要素すべての間に影響力を表す線が引かれており、すなわち逆に言えば、７つの要素の相互関係／構造につい

てはほとんど語られていません。よって、組織モデルというよりも、相互に独立した評価軸＝ディメンションとして見るほうが妥当です。

　なお、この本の中では、7Sフレームワーク自体の解説はなされておらず、提唱者自らの言葉で7Sフレームワークを理解するためには、次の論文を参照するしかありません。

● Robert H. Waterman, Jr., Thomas J. Peters, And Julien R. Philips『Structure is not organization』(1980)

　本書でも、要素を限定列挙してあらかじめ関連づけた「組織モデル」に依拠するよりも、相互にできるだけ独立した評価軸を打ち立てることをめざす「ディメンション」に基づいて、組織の評価項目を洗い出すことをおすすめしています。そうすることによって、要素間のモレダブリができるだけ少なくなるように要素の内容を調整したり、新たな要素をも取り込んだりする柔軟性が得られます。

　要素がどのように関連しあって組織目標の達成につながるのか、という「メカニズム」については、調査結果データが集まってから、データに基づいてモデル構築を試み、検討すればよいのです。そうすることによってかえって、データを虚心に見て、自社の状況にふさわしい、独自のセオリーを得ることができます。

　そして本書では、「人（ミクロ、個）⇔ ビジネス（マクロ、全体、組織、業務）」、「将来（長期）⇔ 現在（短期）」の2軸の組み合わせの中に位置づけられる4象限を、組織の評価においても人の評価においても適用可能な、万能のディメンションとしておすすめしています。

　マッキンゼーの7Sも、この4象限のディメンションと整合性があります。よって、7Sフレームワークを組織評価のディメンションとして再発見し、調査項目に落とし込むのは、有望な方法です（**図表4-6**）。

4象限のディメンションの提唱者

　本書でおすすめしている2軸・4象限のディメンションをはっきりと提唱しているのが、人事機能を進化させるべきことを提唱しているグルとして名高い、デイブ・ウルリッチです。次の本の中で、この2軸・4象限に従って、そ

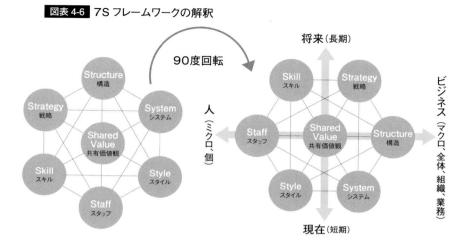

図表 4-6 7S フレームワークの解釈

れまで世の中で提案されてきたさまざまなリーダーシップモデルを整理・統合し、統一理論を作る試みがなされています。リーダーが備えるべき行動特性、すなわち、いわゆるリーダーシップ・コンピテンシーを整理しているものですが、リーダーが組織にもたらすべき成果に着目して分類・整理しているため、組織が備えるべき特性の整理としても参考にすることができます。

● Dave Ulrich、Norm Smallwood、Kate Sweetman『The Leadership Code: Five Rules to Lead by』Harvard Business Review Press (2009) ☆

同じ主旨のものとしてもうひとつ外すことができないのは、第12章でも紹介した、キャメロン—クインが提唱する組織文化の「競合価値観フレームワーク」です。

それは、組織文化の類型を「内部重視⇔外部重視」、「柔軟性⇔統制」の2軸で整理し、できあがった4象限に「イノベーション文化」、「マーケット文化」、「官僚文化」、「家族文化」を割り当てるものですが、組織開発の分野で長く参照されてきたフレームワークであり、納得感が高く、また学術的にも構成概念としての妥当性が検証されてきたものです。

同フレームワークで重要なことは、各ディメンションが「競合」関係、つまりお互いに相反する、あちらを立てればこちらが立たないような関係にあるとされていることです。よって、すべてのディメンションの評価基準を同等の高

いレベルで満たすことは難しく、またそれは得策でもなく、どのディメンションを強化するか、意図的に絞り込んで取り組むことが望ましいことになります。また、このディメンションによって組織や人の特徴を際立たせやすいことを意味します。

　次の本が提唱者による原典ですが、４つの組織文化類型と、各組織文化類型を強化するマネジメントスキルとが対応づけられ、マネージャーの行動にまで落とし込まれています。

● キム S・キャメロン、ロバート E・クイン『組織文化を変える』ファーストプレス（2009）絶版

（原書）Kim S. Cameron, Robert E. Quinn『Diagnosing and Changing Organizational Culture : Based on the Competing Values Framework』3rd Edition, Jossey-Bass（2011）☆

組織や人の要素はなぜ５つの因子（ビッグファイブ）にまとまるのか

　本書では、２軸で構成される４象限のディメンションに加えて、もうひとつ、「根本価値や基本姿勢」に相当する第５のディメンションを立てることをおすすめしています。

　５項目にまとめた評価軸の例として、「トヨタウェイ」やその原点となる「豊田綱領」を例示していますが、５項目というと、心理学で言うところの「ビッグファイブ」を思い浮かべる方も多いでしょう。ビッグファイブとは、心理的特性（要するに性格）はつまるところ５項目にまとめることができる、という心理学会のコンセンサスとされるものです。

　性格の分類については過去にあらゆる理論が提唱されてきたものの、データを収集して「因子分析」手法でまとめてみると、なぜか５つの因子にまとまるというのです。そして、５つの因子とは、調査の母集団やその文化的背景によって若干のニュアンスの違いはあるものの、概ね「外向性」、「精神的安定性」、「経験への開放性」、「真面目さ」、「協調性」の５つであるというのです。

　ただし、この理論の肝は「統計分析をすると５つにまとまる」ということにあり、「なぜ５つなのか」、「５つの因子の本質的な意味内容は何なのか」ということには触れられません。そのあたりの事情や感覚については、次の本に詳しく述べられています。

図表 4-7 性格因子ビッグファイブの解釈

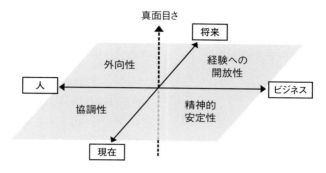

- 村上宣寛『性格のパワー　世界最先端の心理学研究でここまで解明された』日経 BP（2011）☆
- ダニエル・ネトル『パーソナリティを科学する　特性5因子であなたがわかる』白揚社（2009）
  （原書）Daniel Nettle『Personality: What makes you the way you are』OUP Oxford（2007）☆

後者の著者のネトルは、ビッグファイブという大きな幹をクリスマスツリーのように使って、これまで自分が見出してきた心理的特性をぶらさげて整理している、という趣旨のことを述べており、それは、5つのディメンションから始めて、組織や人の評価項目を洗い出し、モレダブリなく体系化するときのセンスにも通じます。

さて、ビッグファイブの本質とは結局何なのでしょうか。ネトルによれば、進化生物学や、近年 MRI で明らかになってきた脳神経の構造で説明する動きもあるということです。しかし私は、脳や神経系の構造というよりも、むしろ人間の認知世界における世界の構造、つまり、「内側の空間と外側の空間があり」、「過去と未来がある」ということを反映しているのではないかと考えています。

そう考えることでビッグファイブは普遍性を帯び、人や組織を評価するディメンションの構造とも関連づけて解釈することも可能になります。実際、このように解釈・整理することで、それぞれの因子の持つ「意味」や「価値」がよく

わかります。そして実際、ビッグファイブとリーダーシップ行動の対応関係についての研究も世の中に存在します（**図表4-7**）。

設問項目サンプルの入手法

さて、4つまたは5つのディメンションを細かくブレークダウンし、実際の設問項目に落とし込んでいくにあたり、設問のサンプルを参照することは現実的な方法です。日本語の設問サンプルは一般向けにはなかなか見当たらないのですが、米国には設問サンプルを含む専門書がいくつもありますので、その中で特に有用であると感じたものを以下紹介します。

本書の立場とも近く、かつ設問データベースとしても有用なものは次のものです。題名を訳せば、『戦略的従業員サーベイ：組織の成功を導く実証されたガイドライン』。経営全体の高所視点でサーベイを組み立てるべきこと、サーベイを通じて社員を経営プロセスのモニターに積極的に参加させるべきこと、そして「ビジネスパフォーマンス」と「社員エンゲージメント」の両輪でサーベイを組み立てるべきことを述べたうえで、過去のサーベイのデータ分析結果に基づいて、経営アジェンダへの影響力が大きい項目を絞り込んでコンパクトな調査票にまとめるプロセスを示しています。

● Jack Wiley『Strategic Employee Surveys: Evidence-based Guidelines for Driving Organizational Success』Pfeiffer（2010）☆

設問項目のみならず、サーベイの案内文等も含めたデータベースとして有用なものに、次のものがあります。実用本位に、次のような分類に従って設問例が整理されています。

● 従業員満足とエンゲージメント／リーダーシップとマネジメント／バリューと倫理／組織文化／職務環境／ビジネスパフォーマンス／キャリア開発とトレーニング／評価・報酬・ベネフィット／人事部門／情報技術／社内コミュニケーション

● John Kador, Katherine Armstrong『Perfect Phrases for Writing Employee Surveys: Hundreds of Ready-to-Use Phrases to Help You Create Surveys Your Employees Answer Honestly, Complete』McGraw-Hill Education（2010）☆

多面評価の設問サンプルを入手するためには、「リーダーシップ・コンピテンシー」について書かれた本やウェブサイトを参照するのがよいでしょう。一般的に「リーダーシップ・コンピテンシー」と呼ばれるものの行動指標が、多面評価の設問に相当するためです。先に述べたデイブ・ウルリッチ氏の本には、リーダーシップ・コンピテンシーの行動指標も掲載されています。

 第5章 ## 調査設計の基本２（設問の完成）

「そう思う」尺度（リッカート尺度）についての深い議論

本書の第５章では、設問の完成に向けて残された検討点について述べています。まず設問の回答選択肢として、「そう思う」かどうかを５段階で問い、それを１〜５点で点数化して集計・分析につなげていくシンプルな方法をおすすめしています。文言を示したうえで、それについて合意する度合いを選択させる尺度は「リッカート尺度」と呼ばれますが、じつは、リッカート尺度を点数化して統計分析してもよいのかということについては、統計学的な見地から長年の議論があります。５段階は「序列」または「順序」の情報を与える尺度であることはたしかであるものの、（５と４の間には１の大きさの開きがあるという意味での）「間隔」の尺度とみなしてよい、という保証がないからです。

リッカート尺度を提唱したレンシス・リッカートは、「順序尺度」を「間隔尺度」に変換するための手法として、「シグマ値法」という手法を考案しています。５段階回答であれば、単純に１点、２点……５点と当てはめるのではなく、実際に得られた回答分布を正規分布に当てはめて、１から５の点数を調整するのです。しかし、実際の回答が得られてから、設問ごとに尺度を調整することは現実的ではありません。そこでリッカート自身、１〜５点の値をそのまま用いてもよいという簡便法を提案しています。

この議論を避けるために、５段階を「肯定的回答か／そうでないか」の２値に変換したり、最初から５段階でなく「イエス／ノー」の２値で回答させたりするのがよい、という議論もあります。しかし、統計的な手続き上の論点を減らすためにデータの情報量を減らすという、本末転倒なことになってしまいます。経験的に言っても、２値に変換したからといって誤差の範囲などが改善す

るわけではなく、情報量が減ることからかえって悪化するのが普通です。

　回答値の分布が滑らかになるように、１つの設問だけで集計することはせ
ず、１つのことを複数の設問で聞いて必ず複数項目を足し合わせたものを集計
に用いるべき、という議論もありますが、そうしたからといって本質は変わり
ません。

　このように、じつは長年の深い議論がある、「そう思う」尺度ですが、尺度
の文言が上下対称形、かつ意味合いが等間隔に解釈されるよう配慮したうえ
で（たとえば、強くそう思う／ややそう思う／どちらともいえない／あまりそ
う思わない／全くそう思わない）、集計・分析段階では回答の分布を念のため
チェックしつつ、積極的に統計手法を適用していけばよい、というのが本書の
立場です。なにしろ圧倒的に利便性が高く、それに替わるものがありません。

　このテーマについては、専門書まではさすがに見当たらないものの、たとえ
ば次のような論文が見られます。

● 井上信次『選択肢間の距離に関する一考察　―尺度の等間隔性と非等間
　隔性―』(2017)
● 井上信次『項目反応理論に基づく順序尺度の等間隔性――質問紙調査の
　回答選択肢（3～5件法）の等間隔性と回答のしやすさ――』(2015)
● 脇田貴文『評定尺度法におけるカテゴリ間の間隔について－項目反応モ
　デルを用いた評価方法』(2004)
● James Carifio, Rocco Perla『Resolving the 50‐year debate around using
　and misusing Likert scales.』(2008)

NPS（ネットプロモーティングスコア）尺度の原典

　本書では、リッカート尺度だけでなく、NPS尺度についても、その可能性
について取り上げています。次が原典となります。

● フレッド・ライクヘルド、ロブ・マーキー『ネット・プロモーター経営顧客ロイ
　ヤルティ指標NPSで「利益ある成長」を実現する』プレジデント社 (2013)☆
　（原　書）Fred Reichheld, Rob Markey『The Ultimate Question 2.0: How Net Promoter
　Companies Thrive in a Customer-Driven World』Harvard Business Review Press (2011)☆

働くことへの価値観（キャリア・アンカー）を聞く設問について

　本書では、組織や人を評価する設問に加えて、社員の選好や価値観を聞く設問を加えることもときに有益であり、中でも「自身のモチベーション源泉となる価値観を聞く設問」が有益なことを述べています。そして、そのような設問として、キャリア・アンカーすなわち「自らのキャリアを選択する際に最も大切にしたい価値観や欲求」を選択させる設問をおすすめしています。

　キャリア・アンカーの概念は、エドガー・シャインによって、次の本で提案されました。ここでは、キャリア・アンカーは５つ（「管理的能力」、「技術的／職能的能力」、「自立」、「創造性」、「保障」）に分類されています。

● エドガー・H. シャイン『キャリア・ダイナミクス　キャリアとは、生涯を通しての人間の生き方・表現である。』白桃書房（1991）

　（原　書）Edgar H. Schein『Career Dynamics:Matching Individual and Organizational Needs』Addison-Wesley（1978）

　その後、８つへの再分類を経て、次において、40項目（８つのキャリア・アンカーをそれぞれ５つの文章で言い換えたもの）から成る自己診断テストとともにまとめられています。

● エドガー・H. シャイン『キャリア・アンカー　自分のほんとうの価値を発見しよう』白桃書房（2003）

　（原　書）Edgar H. Schein『Career Anchors: Discovering Your Real Values』Pfeiffer（1993）

　私は、キャリア・アンカー概念の重要性は、「キャリアの指向性」の分類のみならず、「仕事をするにあたってのモチベーションの源泉」の分類を示していることにあると考えています。すなわち、「経営者や管理職が配慮すべき社員の価値観」をうまく分類しているのです。

　もっとも、キャリア・アンカーは、提唱者のエドガー・シャインによって、経験則として提示されているのみであり、「なぜこの８つなのか」、「８つのアンカーそれぞれの本質的な意味内容は何なのか」、「８つに集約できるという実証的・統計的な根拠はあるのか」といったことについて、答えは提示されては

いません。実証的な研究を経れば、心理的特性が5つにまとまるように、そしてエドガー・シャイン自身が当初5つのアンカーを提示したように、これも何故か「ビッグ・ファイブ」にまとまってしまう、という可能性は大であるように思います。

よって、エドガー・シャインが提示したキャリア・アンカー概念そのものにこだわる必要はなく、それを参考にしながら、自社独自の社員の価値観の分類を打ち立てることができれば、それでもよいのです。ただ、既に普及している概念に準拠することには、価値観の自覚からその後の行動をガイドするにあたってさまざまなリソースを参照できるというメリットがあり、その見地から、あえて変更を加えずにそのまま用いることをおすすめしています。

なお、「自分自身のキャリア・アンカーが何かということをどのような尺度／質問紙で判定するか」ということについては、「8つのキャリア・アンカーを定義する文言を並べて単に選択させればよい」というのが本書の立場です。8つのキャリア・アンカーを、文言を超えて実在するものとみなす立場（実在論）をとるのであれば、その実在を正しく表象し、測定するための文言・尺度が開発されなければならず、その尺度は（信頼性を確保するために）複数の設問から構成されるのが妥当ということになります。

しかし、8つのキャリア・アンカーは単に文言として存在するとみなす立場（唯名論）をとるのならば、単に8つのキャリア・アンカーの定義を並べて提示し、たとえば、「『技術的・機能的能力 - 自分の専門性や技術が高まること』を選択する人が全体の中で○％であった」ということを論ずるだけで、十分であるといえます（本書は、普遍的な真理の探求をめざすのではない実務においては、概念の扱いに関しては「唯名論」の立場をとっていれば十分であり、また、いたずらに抽象的な議論に陥ることを避けるためにもそれが妥当である、という立場をとっています。よって、いわゆる「構成概念妥当性」の議論は、終始一貫してスキップしています）。

回答案内文面のサンプル

回答案内の文面については、第4章でも紹介した次の本において、サンプル文面が、次の観点から何種類も掲載されており、参考になります。

「このサーベイで何を問うのか」、「このサーベイのゴールは何か」、「サー

ベイが開始される旨のアナウンス」、「サーベイがスタートした旨のアナウンス」、「サーベイ回答にあたっての説明（目的／期待できること／個人は特定されないこと／回答にあたっての説明）」、「サーベイ回答へのお礼」、「今後のステップについて」

● John Kador, Katherine Armstrong『Perfect Phrases for Writing Employee Surveys: Hundreds of Ready-to-Use Phrases to Help You Create Surveys Your Employees Answer Honestly, Complete』McGraw-Hill Education (2010) ☆

第6章　データ分析・活用の全体像

アンケート調査の教科書

　本書の第6章では、回答データ分析の全体像を示しています。回答データ分析に関する参考書は、次の3つに分けられます。

● アンケート調査の教科書
● 特定の統計手法分野（たとえば多変量解析）の教科書
● 啓蒙書やビジネス書

　アンケート調査の教科書としては、マーケティング調査や社会調査における、調査票の作成から回答データの収集、そして基本的な集計から多変量解析までひととおりカバーする本を見出すことができます。

　もっとも、「グラフの種類」や「検定の種類」や「多変量解析の種類」といった、手法のカタログ・辞典的なものが多くなっています。その1つの理由は、さまざまなアンケートの形式が想定されるため、それに応じたさまざまな集計・分析の仕方を想定しなければならず、そうすると全工程を通した流れの提示というよりは、各工程別の道具箱を提示する形をとらざるをえないことにあるでしょう（逆に言えば、設問形式を「5段階のリッカート尺度」のように決めることで、集計・分析の流れが決まってきます）。

　よって、書かれている内容すべてを用いる必要は通常ありませんが、知識としては知っておき、何を適用するか／しないか、それはなぜか、ということを説明できることが望ましいでしょう（たとえば、全社員を対象とする社員意識

付録

調査においては、テレビの視聴率調査であれば大きなテーマとなる調査対象者の選択（サンプリング）の議論をする必要はありません）。

　次の本は、統計に関わるサービスに長年従事してきた著者が力を注ぎ込んだことが窺える、辞書的でありながら、体系にも工夫が凝らされたものです。「集計→検定→１つの変数→２つの変数→多変数（予測）→多変数（判別）→潜在変数」という集計・分析の流れに沿った体系が採用されています。また、いたずらに高度な多変量解析手法を用いずに、集計のステップで価値を生み出すためのポイントにも触れられています。かつ一方では、多変量解析手法ごとの事例を用いた解説は、数式を通さずに理解できることに配慮された、きわめて懇切丁寧なものです。

● 菅民郎『実例でよくわかるアンケート調査と統計解析』ナツメ社(2011) 絶版

　次の本は、アンケートに基づくマーケティング調査のマニュアルとして書かれており、体系は、マーケティング調査の工程に沿っています。

● 酒井隆『図解 アンケート調査と統計解析がわかる本［新版］』日本能率協会マネジメントセンター (2012)

　次の本は、「社会調査士のカリキュラムに対応」するものとして書かれています。

● 竹内光悦、元治恵子、山口和範『図解入門ビジネスアンケート調査とデータ解析の仕組みがよーくわかる本［第2版］』秀和システム (2012) 絶版☆

第7章　データ分析の基本１（Step1~3: 現状を可視化する）

データクレンジングの教科書

　本書の第７章では、まず、集計・分析の前のデータ整備、すなわちデータをきれいにすることを意味するデータクレンジングと呼ばれる工程について触れています。この工程に関するノウハウは、データ整備者の、ときに無意識的に遂行される作業習慣として蓄積されていたり、データ分析を組織的に行っている場合にはチーム内で共有される作業チェックリストとして蓄積されていたり

するものですが、本になっているものは長年見当たりませんでした。しかし2019年に刊行された次の本には、題名通り、エラーデータのチェックや補正、そしてエラーの予防に至る、正確な集計・分析の土台となるデータ整備のための知識、ノウハウ、そして心構えが余すところなく述べられています。

● 村田吉徳『数万件の汚いエクセルデータに困っている人のためのExcel 多量データクレンジング』秀和システム（2019）☆

平均値、標準偏差、偏差値の本質的な理解のための啓蒙書

そして本書の第7章では、データをきれいにしたあと、現状を可視化するStep1~3として、「件数カウント」を経て、「平均点」、「標準偏差」、「偏差値」を出すことについて述べています。平均点はともかく、標準偏差や偏差値については、その概念に親しんでいない場合も多いものです。

それらの概念に親しむために、たとえば「標準偏差」という言葉で画像を検索してイメージで意味をつかむことも1つの方法ですが、統計学（確率統計論）の根底をユニークな手法で解き明かす次の本もおすすめできます。統計学の土台中の土台である「正規分布」に焦点を当てて、それが発見された背景、思想的な意味、経済理論や金融理論への影響、「ブラック・ショールズモデル」の原理にまで話が及ぶものですが、まずは第一章を読むだけでも価値があります。統計学の根底となる、「平均点」や「標準偏差」や「偏差値」の本質的な意味が、それらの概念が生まれた瞬間を再現するかのように、徹底的にわかりやすく解き明かされており、統計に末永く親しむうえでの基礎を与えてくれます。

● 長沼伸一郎『経済数学の直観的方法　確率・統計編』講談社ブルーバックス（2016）☆

第8章 **データ分析の基本2（Step4~5: 課題解決の鍵を見出す）**

実務で比重の大きい基礎的なデータ分析・活用のイメージをつかむ

本書の第8章では、データ分析に踏み込んでいます。Step4として説明している、集計値の比較分析を中心とする基礎的なデータ分析については、実務

で比重が大きいにもかかわらず参考書は多く見当たらず、あっても Excel の使い方の指南書に近いものだったりします（逆に、Excel の指南書の中には、データ分析の説明の見地からも優れたものがあります）。

　その中にあって、経営視点でデータを分析して結果を示すとはどういうことか、ということを、基礎的なデータ分析に特化する形で示しているのが、データ分析を積極的に経営に活用していることで名高い、大阪ガスのデータ分析専門部隊による教科書です。最初の仮説設計、データ整備、基礎的な集計・分析の過程が、演習事例を通じて述べられています。本書の体系でいえば Step4（差から課題を特定する）まで扱われています（ただし、本書で活用をおすすめしている「偏差値」は用いていません。一方、本書では避けている「有意差検定」の考え方を導入し、その計算をサポートするためのツールを提供しています）。

● 河村真一、日置孝一、野寺綾、西腋清行、山本華世『本物のデータ分析力が身に付く本』日経 BP（2016）☆

　また、次の本は題名どおり、「高度な統計分析」に頼ることなく、集計値の比較分析によってビジネス的な価値を生み出せることを訴求するもので、本書の趣旨とも通じるところがあります。著者は、大企業（日産自動車）でデータ分析・活用の実務に携わってこられた方です。こちらも、本書の体系でいえば Step4 まで扱っています。そこでは、目的変数に対する説明変数の影響（相関）は散布図によって検討する方法がとられています。

● 柏木吉基『統計学に頼らないデータ分析「超」入門　ポイントは「データの見方」と「目的・仮説思考」にあり！』サイエンス・アイ新書（2016）☆

　同じ著者による次の本は、散布図の内容を 1 つの指標に圧縮する「相関係数」を導入することで、多くの説明変数を並べて比較できるようにしています（なお、本書で述べている「差の連動性分析」とは、「相関係数を使用することなく、目的変数と多くの説明変数との相関を一度に分析」する方法であるということができます）。

● 柏木吉基『日産で学んだ世界で活躍するためのデータ分析の教科書』日経 BP（2015）☆

統計ソフトの導入

　本書では、Excel の標準機能だけを用いて、できるだけのことを行うことをめざしていますが、重回帰分析や因子分析といった「多変量解析」を行う場合には、統計ソフトが事実上必要になります。統計ソフトの選び方としては、Excel の延長として使える Excel のアドイン方式の統計ソフトを活用することがスムーズです。株式会社社会情報サービスの「エクセル統計」は、定評があり、使いやすく、また、同ツールを用いた解析事例の解説ウェブサイトも内容が充実した有用なものです。

● 株式会社社会情報サービス「エクセル統計」 https://bellcurve.jp/ex/

　その他、Excel ベースの無料の統計ソフトとして、関西学院大学の清水裕士先生が開発された、「HAD」というソフトウェアは近年定評があり、それを通じて統計手法を学ぶ教科書も出始めています。高度な統計手法を含め、一般的に用いられるほとんどの統計手法を網羅しています。有料のツールである「エクセル統計」と比べると、データをいったんツール上のワークシートに貼りつける必要があるといった不便さはありますが、まずさまざまな手法を試し、習得するためには、HAD で十分かもしれません。

● 清水裕士「統計分析ソフト　HAD」 https://norimune.net/had

統計手法最大の飛び道具「重回帰分析」の使い方

　重回帰分析は、高度な統計分析手法（多変量解析手法）の中で最も広汎に使われる手法であり、多くの解説をインターネットや本の中に見出すことができます。

　重回帰分析はもともと、「目的変数」を「説明変数」によって予測する式を作成するものですが、本書では、「人や組織の望ましい状態の実現につながる要因」を探し出すために用います。すなわち、「パフォーマンスの度合い」、「エンゲージメントの度合い」といったことを目的変数とし、すべての設問項目を説明変数とした重回帰式を作成し、重回帰式の係数（標準偏回帰係数）の大小を

見ることで、設問項目ごとの影響力を評価するのです。

　「ハイパフォーマーかそうでないか」、「エンゲージメントが高いかそうでないか」、「この回答者はその後離職した人か」といった、２値（１か０か）の変数を目的変数とする重回帰分析も行います。一般的には、目的変数が２値の変数の場合には、重回帰分析よりもロジスティック回帰分析が適しているとされます。たしかに、目的達成確率の予測のために用いるのであれば、「モデルの当てはまり」を評価したり、予測結果が必ず１と０の間の数値（確率）に収まるようにしたりするために、ロジスティック回帰分析が適していると考えられます。しかし予測のためではなく、目的に影響する要因を探るだけのために分析を行うのであれば、重回帰分析を使うことでかまわないというのが本書の考えです。

　ただし、設問項目が多い場合には、設問項目間が干渉し合うこと（いわゆる多重共線性）により、正しい結果が出ない可能性が高まるため、設問項目設計時に設問項目間で意味内容の重複があまりないようにしておくことが前提となります。また、Step6で因子分析を行って導き出した「因子得点」を用いて、あらためて重回帰分析を行い、同じような結果が出ているかどうか比較検証することも良い方法です。

　社員意識調査の実際の分析においては説明変数の数がかなり多くなり（設問項目が60問であれば60個）、また、影響力の大小を評価するためには重回帰式の係数そのものである「偏回帰係数」よりも「標準偏回帰係数」を見るほうが望ましいという事情があります。そこでExcel標準の分析ツールを用いても重回帰分析は実施できるものの、説明変数の数に制約があり、また「標準偏回帰係数」が出力表示されないという制約もあるため、Excelアドインの統計ソフトを用いることを想定しています。

　さて、重回帰分析の実践を学ぶための参考文献ですが、統計手法活用の啓蒙書として名高い、西内啓氏の『統計学が最強の学問である』シリーズが優れています。統計手法の本質の噛み砕いた説明に加え、ビジネスにおける統計手法活用のイメージも豊富であるほか、一般的な統計の教科書では触れられていないような実践にあたっての有益なヒントも提供されています（たとえば、落とし穴になりやすい「ダミー変数の使い方」、「オーバーフィッティング」、「マルチコ（多重共線性）」、「交互作用項」、「変数選択（クラスター分析との併用）」に

ついても、しっかりと述べられています)。

● 西内啓『統計学が最強の学問である [実践編]　データ分析のための思想と方法』ダイヤモンド社 (2014) ☆
● 西内啓『1億人のための統計解析 エクセルを最強の武器にする』日経 BP (2014) ☆

統計学の本山「有意差検定」とのつきあい方

　「平均値のその差に意味があるのかどうかの判定（平均値の有意差の検定）」というテーマは、統計学の根幹を成すテーマとなっています。その大きな理由は、サイエンスが「測定値の背後にあると仮定される『真の値』は何か」ということを問題にしなければならないことにあると言ってよいと思います。

　サイエンスならぬ人材開発における実用上の見地からは、「平均値のバラツキである『誤差』は、元の回答データそのもののバラツキである『標準偏差』よりも小さく、『標準偏差÷√N』程度になる」、ということさえしっかり頭の中に入っており、平均値の差を評価するときには「誤差の範囲でないかどうか」という議論ができれば十分である、というのが本書の立場です。さらにできれば、「回答母数が少ない場合の誤差は標準誤差よりも若干大きめになるので注意すべし」ということを意識しておけば、なおよいでしょう。

　サイエンスの基礎科学としての統計学における判定方法はもっと複雑なもので、あえて述べれば、「平均値の分布は正規分布になることを中心極限定理に基づいて仮定し、サンプル数に応じて正規分布を補正するカイ二乗分布およびそれに基づく t 分布に基づいて信頼区間を設定し、帰無仮説に基づいて仮説検定を行う」ということになりますが、この統計学固有の議論は、そのまま用いる必要はないものの、さまざまな統計手法において結果の妥当性を判断するためのロジックとして用いられる場合が多いため、ロジックを理解しておくことは有益です。

　先述した、西内啓氏の『統計学が最強の学問である』シリーズでは、「有意差検定」についても、それが開発された経緯も含め、わかりやすく解説されています。

付録

相対評価の安定性と実践における重要性

　本書では、「設問項目別の集計値の一つひとつを評価する」こともさることながら、「多数の設問項目を横並びで比較して序列化する」こと、すなわち相対評価にも焦点を当て、重視しています。

　サイエンスとマネジメントでは統計手法に求められることも異なり、マネジメントでは相対評価がより重要になることは必然と言ってよいと思います。サイエンスのための統計学が、「一定の条件の下で、ある現象が必ず起こることの実証」に目的があるのに対し、マネジメントのための統計学は、「リソースが限られる中での優先順位について、今ここでという限られた条件の中で、最善の意思決定をする」、いわゆる「限定合理性」と呼ばれる制約の中でのより良い意思決定に目的があるためです。

　そして、たとえ回答者による評価の甘辛のブレが大きく評価点の絶対値の信頼性が高くない場合であっても、「どの項目が相対的に強いか／弱いか」という評価順位は比較的安定しており、したがって、全項目の中で何が相対的に問題か、ということは比較的精度高く議論できるという、ありがたい現実があります。この点に着目することが、サイエンスにおける統計学に対する、マネジメントにおける統計学の特徴になると考えています。

　「相対評価は比較的安定している」。このことは経験則としては言われることで、たとえば、USJのV字回復の立役者として名高いマーケッターの森岡毅氏も、「未来に対する質問においては、消費者データの絶対値は怪しいですが、相対での順位は比較的正しい」と、第3章の参考文献として挙げた本の中で語っています。

　では、なぜ相対評価は比較的安定しているのか。次のような理由が考えられます。

　「10個の対象を順位づけるとしたら、10回の評価をしているのではなく、じつは10個のうち任意の2個の組み合わせ（10×9）の回数の評価をしているからである」

　「ある対象の評価結果を条件に、他の対象を評価することになるため、いわゆるベイズ推定を行っていることになり、評価の精度が高まるからである」

　かつて、多面評価において、少人数の回答のフィードバックであっても十分

に意味があることを実証するために、他者評価の回答人数を1人から最大30人まで増やしながら、自己評価と他者評価の、どの項目の評価が高い／低いというパターンの一致度合いが変わるかどうかを調べたところ、「回答人数を増やしたところでパターンの一致度合いは有意には変わらない」すなわち「項目間の相対的な位置づけは回答人数が少なくても安定している」ことが言えた、ということもあります。

しかし、以上のようなことを学問的に裏づけている文献は、今のところ見当たりません。今後は「マネジメントのための統計学」が、学問としても求められるように思います。

第9章　データ分析の基本3（Step6~7: アイデアを創造する）

多変量解析の参考書

本書の第9章では、「高度な統計分析」すなわち、「多変量解析」手法について述べています。重回帰分析、因子分析、共分散構造分析を含む多変量解析手法については、「多変量解析入門」といったタイトルで、サイエンティストやマーケッター向けの多くの参考書を見出すことができます。

重回帰分析も含む、多変量解析全体についての参考書として、実務家（主にマーケッター）向けに多くの「入門書」を著している朝野熙彦氏の著作は定評があります。すなわち、最近文庫化もされた、

● 朝野熙彦『入門　多変量解析の実際』ちくま学芸文庫（2018）☆

そしてその続編としての、
● 朝野熙彦、鈴木督久、小島 隆矢『入門　共分散構造分析の実際』講談社（2005）

です。実務での活用事例や実践上の注意点に焦点を当てる一方、理論面からも数式を用いて完全な説明を与えるものとなっています。数式での説明の仕方には一貫した工夫とポリシーがあり、それは、シグマ記号でなくベクトル記号を用いた表現をすることで、数式表現を簡略化するとともに、図形的な理解と

も結びつきやすくしている点です。

多変量解析にはなぜ数多くの手法があるのか

　多変量解析の概説書を開けたり、統計ソフトの多変量解析のメニューを開けたりすると、多くの場合、カタログのように多くの手法が並んでおり、圧倒されます。

　この理由としては、それぞれの手法が異なった背景において、異なった開発者により、固有の用語法を保ちながら開発・活用されてきたために、不用意に統合するわけにもいかず、並列的にカタログに載せられているという事情があります。

　手法の内容はお互いに重複を含んでおり、たとえば、数量化理論Ⅰ類、Ⅱ類、Ⅲ類はそれぞれ、回帰分析、判別分析、因子分析に相当します。よって、手法の種類の多さを気にする必要はなく、本文に示した「重回帰分析」と「因子分析」でほとんどの場合十分です。

　もうひとつ有用な手法をあげるとすれば、「クラスター分析」です。「似たものを寄せてグルーピングしていく」という比較的シンプルでわかりやすい手法なので、いろいろな使い道があります。因子分析のように、多くの設問項目（データの「列」方向）を数個の「因子」に縮約するために用いることもできますが、通常は、対象となる人や組織（データの「行」方向）をグルーピングするために用います。

　その際、回答の元データではなく、いったん因子分析を行って回答値を因子得点化したものをインプットにすれば、「誰がどの因子に強いタイプなのか」といった見地からグルーピングできます。

　また、Step2で作成した集計表をインプットにして、似た傾向を持つ属性をまとめるために用いることもできます。たとえば、「20歳台とマーケティング部門」、「30歳台と営業部門と男性」、「40歳台と女性」がそれぞれ似た傾向を持っておりグルーピングできる、といったことが判断できます。それにより、施策を打つ対象を細分化しすぎることなく、「このグループにはこのような施策群」というように、施策のパッケージを整理しやすくなります。

人工知能（AI）と多変量解析の関係

　多くの次元（ディメンション）を少数の次元に縮約する因子分析は、人工知能（AI）を理解するにあたっても踏まえておきたい考え方です。

　次は、日本における人工知能の第一人者による一般読者向けの啓蒙書ですが、人工知能の原理を中心に書かれており、その中で、人工知能の発展をもたらしたディープラーニング技術の核である「特徴表現学習」と、（本書で紹介している「因子分析」に近い手法である）「主成分分析」とが近いものであることが、わかりやすく説明されています。

● 松尾豊『人工知能は人間を超えるか』KADOKAWA (2015) ☆

第10章　テキストデータの分析の仕方

テキストデータ分析ツールとその参考書

　本書の第10章では、自由記述回答のテキストデータ分析について述べています。テキストデータ分析も、本書では、Excel の標準機能だけを用いてできるだけのことを行うことを述べていますが、さらに進んだテキストデータ分析の定番のフリーソフトウェアとして、樋口耕一氏が開発した「KH Coder」があります。

● 樋口耕一「KH Coder」ウェブサイト　https://khcoder.net/

　次が、開発者の樋口耕一氏自身による KH Coder の定本です。KH Coder 開発の狙いや、仕様の細かい説明とともに、学術研究における計量テキスト分析の活かし方、実際の研究事例が紹介されています。KH Coder を使って論文を作成した場合にはこちらを文献として明示することが求められています。

● 樋口耕一『社会調査のための計量テキスト分析 [第2版]　内容分析の継承と発展を目指して』ナカニシヤ出版 (2020)

最初の入門書としては次が優れています。KH Coder の最新版である KH Coder3 に基づいて、実際に始めるにあたって必要十分な知識がまとめられています。手法やソフトの使い方についてだけでなく、分析を始める前にどうしても必要になる、テキストデータの整備（データクレンジング）についても触れられています。

- 末吉美喜『テキストマイニング入門：Excel と KH Coder でわかるデータ分析』オーム社（2019）☆

　上述の本よりももう一段階、原理の説明面においても実施手順面においても内容を深めたものとして、次があります。

- 牛澤賢二『やってみよう テキストマイニング ―自由回答アンケートの分析に挑戦！』朝倉書店（2018）

第11章　効果的なフィードバックの仕方（多面評価）

Google 社の事例を参考にする

　本書の第11章では、多面評価のフィードバックに焦点を当てています。本文にて Google 社の例を挙げましたが、Google 社は多面評価や社員意識調査をマネジメント改善のために積極的に用いていることで知られています。同社の経営陣や元人事担当役員は、同社の取り組み内容を、プロセスを追体験できるような形で積極的に公開しており、フィードバックを組織に根付かせて人材開発と組織開発を促進するイメージを与えてくれます。元人事担当役員が Google 社での取り組みを、その経緯も含めて紹介した次の本は、特に参考になるものです。

- ラズロ・ボック『ワーク・ルールズ！―君の生き方とリーダーシップを変える』東洋経済新報社（2015）☆
- （原　書）Laszlo Bock『Work Rules!: Insights from Inside Google That Will Transform How You Live and Lead』Twelve（2015）☆

その本で触れられている取り組みの中から特に、社員意識調査と多面評価を組み合わせたマネジメント改善を中心にまとめられたものが次のものです。

● デイビッド A. ガービン『グーグルは組織をデータで変える』DIAMOND ハーバード・ビジネス・レビュー論文, ダイヤモンド社 (2015) ☆

人間心理の傾向に基づくフィードバックのヒント

個人へのフィードバックから行動変容を導くにあたっては、人間心理の傾向を理解し、活かすことで、介入の効果が高まります。次の本では、人間心理の細かい観察に基づいて、フィードバックにあたって踏まえるべきことが、35の原則にまとめられています。フィードバックのワークショップ等において、それをヒントにしてアドバイスを提供することは効果的でしょう。

● Joseph R. Folkman『The Power of Feedback: 35 Principles for Turning Feedback from Others into Personal and Professional Change』Wiley (2007) ☆

第12章　効果的なフィードバックの仕方（社員意識調査）

組織開発で重視されるサーベイ・フィードバック

本書の第12章では、社員意識調査のフィードバックに焦点を当てています。社員意識調査 (サーベイ) データのフィードバックによる組織への介入は、心理学者を中心に発達した組織開発の分野において、「診断型組織開発」と呼ばれる大きな分野となっています。

そのことは、組織開発の歴史と現状を振り返る大著である次の本にもまとめられています。組織開発プロセスの標準的なモデルとして「組織開発の5段階実践モデル」が提唱され、「フィードバックによる対話」は3段階目のステップとして位置づけられています。

● 中原淳、中村和彦『組織開発の探究　理論に学び、実践に活かす』ダイヤモンド社 (2018) ☆

なお、同書の立場と本書の立場とでは違いもあります。同書は、診断型組織開発で扱うデータについて、「世界には真実があり、それは科学的な手法で明らかにできるものだという客観主義、本質主義の考え方に立脚するもの」と位置づけていますが、本書は、サーベイデータを用いて組織開発を行うとしても、データが客観的な真実を表していることを前提にする必要はなく、回答者の「主観事実」という重要な事実情報と位置づければそれでよい、という立場に立っています。

　社員意識調査（サーベイ）のフィードバックそのものについての教科書として、立教大学の中原淳先生による次の本があります。日本語における「サーベイ・フィードバックに関する最初の本」であり、日本の人材開発・組織開発担当者が最初に手にとるべきものになります。同書は組織開発の教科書としても位置づけられており、「データから対話を導くことで職場を変える」という、「人間と人間の相互作用」の文脈に焦点が当てられているところに特徴があります。

● 中原淳『「データと対話」で職場を変える技術　サーベイ・フィードバック入門』PHP研究所（2020）☆

　これに対し本書は、「データから優先課題および解決の方向性を見出し行動につなげる」という、「問題・課題解決」の文脈に焦点を当てています。もっとも、最終的に、フィードバックの受け手の知・情・意に変化が起きなければ意味がないことを強調している点は同じです。また、データを用いることの本質が「問題をいったん外在化させる」ことにあるという中原先生の指摘も、本書の「視点を他者の視点にコペルニクス的に転回させる」考え方と同じといえます。

　上述の中原先生の書籍でも踏まえられており、また本書の本文でも言及した、往年の組織コンサルタントとして名高いデイヴィッド・ナドラーがデータのフィードバックに基づく組織開発について体系的に述べた、1977年に出版された古典的な本とは次のものです。

● David A. Nadler『Feedback and Organization Development: Using Data-Based Methods』FT Press（1977）

　組織開発の大家ワーナー・バークは、第4章の参考文献としても掲げた次の組織開発の教科書において、「サーベイのフィードバックについてはナドラーの1977年の本を参照せよ」と述べており、すなわち、ナドラーの議論に付け加えるべきものはあまりない、という認識を示しています。

● W. Warner Burke, Debra A. Noumair 『Organization Development: A Process of Learning and Changing』　3rd Edition, Pearson FT Press (2015) ☆

　また、次の「組織開発大全」ともいうべき組織開発の教科書では、フィードバックが満たすべき要件がリスト化されており、そこでも、ナドラーの本に掲載されたリストがほぼそのまま踏襲されています。

● Thomas G. Cummings, Christopher G. Worley 『Organization Development and Change』　9th Edition, South-Western Pub (2009)
（同書は頻繁に改訂がなされており、以前の版は下記 URL にて無料で読むことができます）
http://www.mcs.gov.kh/wp-content/uploads/2017/07/Organization-Development-and-Change.pdf

行動経済学の解説書

　本書では、行動変容に向けて、人間の認知・判断や行動の「バイアス」や「くせ」を理論化する行動経済学の代表的な理論である、「プロスペクト理論」の活用可能性についても述べました。

　行動経済学の定評あるコンパクトな解説書として、次があります。

● 大竹文雄『行動経済学の使い方』岩波新書 (2019) ☆
● 友野典男『行動経済学〜経済は「感情」で動いている』光文社新書 (2006) ☆

　なお、人から「承諾」を得るテクニックを体系化した本として、社会心理学者チャルディーニによる『影響力の武器』が知られていますが、同書で整理されている6つの武器 (返報性、一貫性、社会的証明、好意、権威、希少性) は、行動経済学が整理している知見とも重なり合うところがあり、同書は行動経済

学の参考書として位置づけることが可能かもしれません。

● ロバート・B・チャルディーニ『影響力の武器：なぜ、人は動かされるのか』第三版，誠信書房（2014）

（原書）Robert B. Cialdini PhD『Influence: The Psychology of Persuasion』Revised Edition HarperCollins（2009）☆

組織文化変革の教科書

　本書では、組織文化変革で用いられる「競合価値観フレームワーク」とその活用可能性についても述べました。第4章の参考文献としても掲げた次の本がその教科書となります。

● キム S・キャメロン、ロバート E・クイン『組織文化を変える』ファーストプレス（2009）絶版

（原書）Kim S. Cameron, Robert E. Quinn『Diagnosing and Changing Organizational Culture: Based on the Competing Values Framework』3rd Edition, Jossey-Bass（2011）☆

第13章　中央官庁の管理職の能力向上に向けた取り組み

　本書の事例編では、霞が関の中央官庁で取り組まれたマネジメントフィードバックについて紹介しました。内閣官房内閣人事局を事務局とする取り組みとして、内閣官房ウェブサイトに関連ドキュメントが収められています。

● 内閣官房ウェブサイト　https://www.cas.go.jp/

（「管理職のマネジメント能力の向上に向けた取組」や「マネジメントフィードバック」のキーワードで、サイト内検索してください。）

▌あとがき（謝辞）

　本書で示した考え方は、マーサー・ジャパン株式会社のコンピテンシーおよびサーベイチームをルーツとする、株式会社 HR アドバンテージにおいて形成され、サービスとして具体化されました。同社の同僚であった相原孝夫、瀬川秀俊、有田千里、伊藤ゆみの諸氏、そして強力なアドバイザーであった楠田祐氏に感謝を申し上げます。

　そして、その後、同社の360度フィードバックおよびサーベイ事業を移管した株式会社トランストラクチャにおいて、サービスの標準化が進められ、完成度が高められました。そこでも多くの同僚に助けられましたが、特に、環境を整えていただいた同社の林明文、坂下幸紀、小野寺真人の諸氏、そして一緒にサービスの完成度を高めていった同社の南城三四郎、田頭悠、田中卓也、高桑知子の諸氏に感謝を申し上げます。

　また、2020年から使えるようになり始めた Excel の新しい機能を用いることで、本書で一貫して提案してきた、人材開発部門が自分でデータを自在に分析できる環境の構築が飛躍的に容易になることがわかり、胸が踊りましたが、この発見には、株式会社シーベースの皆様とのディスカッションの中で至りました。機会をいただいた同社社長の深井幹雄氏に感謝を申し上げます。

　そして何よりも、本書に示した考え方は、多くのクライアント企業や官公庁とのプロジェクトの中で練られていったものであることは論を俟ちません。お一人お一人のお名前を挙げることは適いませんが、プロジェクトをご担当いただき、的確な指摘やインプットをいただいた諸氏に厚く感謝を申し上げます。

　そして、私がデータ主導の人材開発・組織開発の発展に向けてこれまで育んだことをまとめ、体系化しておく必要性を感じて半蔵門オフィスを設立したときに、どんぴしゃりのタイミングで声をかけていただいたのが、株式会社産労総合研究所『企業と人材』誌の石田克平編集長でした。石田氏には論考を 1 年以上にわたる連載に育てていただき、それが本書の元となっています。厚く感謝を申し上げます。

■著者プロフィール

南雲道朋（なぐも みちとも）

半蔵門オフィス代表 東京大学法学部卒、日系大手電気通信
メーカーのソフトウェア開発企画部門に勤務後、外資系コン
サルティング会社にて現場再生のコンサルティングに従事。そ
の後、マーサージャパン、HRアドバンテージ、トランストラクチャ
などにおいて人事・組織に関するコンサルティングや関連する
ウェブソリューション開発をリード。著書に『多元的ネットワーク
社会の組織と人事』、『チームを活性化し人材を育てる360度
フィードバック』など。情報処理学会会員。

データ主導の人材開発・組織開発マニュアル

「社員意識調査」と「多面評価」の徹底活用を中心に

2021年3月16日　第1版　第1刷発行

著　者	南雲道朋
発行者	平　盛之
発行所	株式会社産労総合研究所
	出版部　経営書院
	〒100-0014　東京都千代田区永田町1-11-1 三宅坂ビル
	TEL03(5860)9799 振替00180-0-11361

印刷・製本	勝美印刷株式会社
装丁デザイン	タクトデザイン
本文デザイン	コーヤマ

ISBN 978-4-86326-306-2
定価はカバーに表示してあります。